# 奇跡の夢ノート

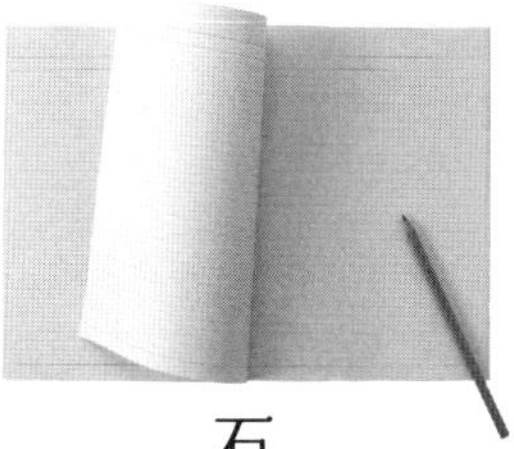

石黒由美子

NHK出版

カバー写真提供：毎日新聞社／ amanaimages

ブックデザイン：ルート 24
構成：髙橋和子
校正：菅沼玲子
DTP：天龍社
編集協力：吉村時子・弓場市子

# 奇跡の夢ノート ●目次

contents

# 1

## 悪夢の交通事故

その車は、アクセル全開で突っ込んできた。

ドンッ！

グシャッ！

突然の衝撃に私の体は跳ね上がり、頭からフロントガラスに突き刺さった――。

「由美ちゃん！　ここ病院よ！　わかる？」

誰かが呼びかける声がかすかに聞こえる。

しかし、目が開かない。

体が１ミリも動かない。

私の意識は、たちまち深い深い闇の奥底へと引きずられていった。


「由美ちゃん！　目が覚めた？　ママの声聞こえる？」

ママ？

うっすら目を開く。何も見えない。

意識は、再び闇へと沈んでいった。

# 地獄の時間

　小学2年生のときだ。10月の空に重たい雲がたれ込め、今にも雨が降り出しそうだった。私はクラシックバレエのレッスンを終え、娘が雨に濡れないようにと迎えに来てくれた母の車に乗り込んだ。今まさにシートベルトをつけようとしていたそのとき――。

　相手は、免許取り立ての18歳の少年。先を急いでいたのか、住宅街の抜け道を猛スピードで疾走し、停車していた私たちの軽自動車に正面から激突した。

　フロントガラスから跳ね戻った私の顔は、鮮血にまみれ、目鼻の見分けがつかないほどの傷を負い、グチャグチャになった。

「由美ちゃん！　由美ちゃん！」

　母の呼びかけに、私は人差し指と親指で小さな輪を作ってOKサインを示し、パタッと意識を失った。

「由美ちゃん！　由美ちゃん！　ああ、誰か救急車を！　由美ちゃんっ！」

　母の絶叫は、少年の耳には届いていない。車から降りた彼は、親に買ってもらったばかりの愛車の前方がボッコリとつぶれているのを見て青ざめ、再び車に戻って何かを取り出した。ほうきとちりとりだ。そして、飛び散った高級車の部品や、ライトの破片を集め始めた。母は半狂乱の状態だったが、その光景だけは今も脳裏に焼き付いて離れないという。

さらに母を混乱させたのは、受け入れてくれる病院がなかなか見つからないことだった。救急車がやって来てから20分経っても30分経っても出発しようとしない。一つの病院にケガの状況を5分以上かけて説明し、しばらく待つと断わりの返事。次の病院も同じことの繰り返し。

「早く出して！　死んでしまう！」

「落ち着いてください！　お母さんもケガをしています！　とにかく落ち着いて！」

救命救急医との緊迫したやり取りが続いた。

救急車が動いたのは、事故からおよそ1時間後。ようやく受け入れを認めてくれたのは、5番目の連絡先だった。

「長くつらい、地獄のような時間だった」

当時の状況を振り返るたび、母は声を震わせる。

## 7時間の大手術

搬送された先は、愛知県内の某大学病院。差し伸べられた医師の手は、さながら地獄に垂らされたクモの糸だ。それは、強靭《きょうじん》な数本が絡み合った糸だった。

事故があったその日、病院には、外科医、脳外科医、皮膚科医、形成外科医、眼科医など、各分野の医師がそろい、なかでも形成外科の先生は、皮膚外科の名医として知られていた。救急スタッフから連絡を受けた医師たちは、特別チームを組むことを決め、病院に到着した私をただちに手術室に運んだ。

どうか娘の命を助けてください。命だけは——。

手術室の扉に向かって母は祈った。祈り続けた。

手術は7時間に及んだ。

地獄の底から救い出されるかどうかは、糸をつかむ人の行い次第という。私の場合は、垂らしてもらった糸の強さが幸いした。ただ、命を取り留めたことだけが、幸いだった。

顔面粉砕《ふんさい》骨折、眼球打撲、網膜剝離《もうまくはくり》、手脚の骨折。

右の頬は、口裂け女のように耳までザクリと裂け、顔だけで540針、口の中は260針も縫う大手術だった。

「顔中の神経が断裂しており、深い傷跡が残るでしょう。表情を作ることも難しいかもしれません。右目はまぶたが攣《つ》れ、開いたまま閉じることができなくなる可能性があります。言語障害など、ほかにもさまざまな障害が出てくることを覚悟しておいてください。普通の暮らしに戻ることは望めないかもしれません」

残酷な現実を医師につきつけられ、母は絶句した。

よく笑う子だった。身体を動かすのが大好きで、10時間ほど前には、バレエ教室のフロアで思いのまま四肢を動かし、飛んだり跳ねたりしていた。

わが子が事実を知ったら、どれほどのショックを受けるか。麻酔が切れ、目を覚ましたとき、どんな言葉をかけてやればいいのか。

天気が雨模様でなかったなら。雨でも迎えになど行かず、濡れて帰らせていたなら。車で迎えに行く時間があと1分、いや、ほんの30秒ずれていたなら……。

一睡もできず、狂い死ぬほどの悲嘆の中に、母はいた。

## リセットされた人生

おなかがペコペコだぁ——。

最初の鮮やかな記憶だ。

自分を責め、業火の苦しみを味わっている母のかたわらで、そんな子どもらしい欲求が私を占めていた。人間らしい欲求というべきかもしれない。生きるための、生き長らえていくための、きわめて原始的な欲求。

小さな胃袋に「そら、たくましく生きよ！」と奮い起こされ、リセットされた私の人生は、たどたどしく再スタートを切った。

そう、リセットされたのだ。事故前の記憶は、そっくり失われていた。1983年10月31日にこの世に生を受けてから、事故に遭った1991年10月3日までの記憶の、何もかもが——。

意識混濁《こんだく》が続いたのち、ようやく目覚めを自覚できたとき、頭も顔も包帯でグルグル巻きだった。首にギプスをはめ、額に絆創膏《ばんそうこう》を貼り、悲愴な顔をして私の顔をのぞきこむ母の姿も、視界に入れることはできない。事故の後遺症で、耳もほとんど聞こえない状態だった。

自分が何者で、いったい何が起こったのか、さっぱりつかめない。だが不思議なことに、近くにいる存在が「ママ」であることは理解できた。自分の名前、暮らした環境、大好きだった食べ物、何ひとつとして思い出すことができないのに、伝えるべき人に、伝えることができた。

「由美ちゃん！　由美ちゃん！」

「ママ……、おなかすいたぁ」

# 2

# 記憶にない記憶

# おんぼろアパート暮らし

生まれは東京で、世田谷区の尾山台という町に住んでいた。

父は、親戚から会社の経営を任されていた。身内のよしみもあって引き受けたが、驚くほどの薄給だったという。

後年、6歳まで暮らしたアパートを見に行ったことがあるが、閑静な高級住宅街の谷間に建つ築40年の2階建てアパートで、若い家族の慎ましい暮らしが想像できた。

近所には、柔道家でプロレスラーの坂口征二氏の家もあった。息子の憲二君とは、よく一緒に遊んでいたそうだ。今は俳優として活躍している坂口憲二君である。有名人の邸宅や実業家の邸宅は、ほかにも数々点在していた。

母も神戸の貿易商の娘で、毎日黒塗りの車で学校の送り迎えをしてもらっていたという、絵に描いたような金持ち育ちである。大学卒業後は一流商社で役員秘書をしていた。そんなお嬢様のこと、アパート住まいはさぞかし窮屈だったろうと思えば、むしろ江戸の長屋風情の暮らしを楽しんでいた。

アパートの前には、砂利を敷き詰めた、庭とも私道ともいえない空き地が広がり、幼い私や弟は、近所の友達と毎日元気に走りまわっていた。家の扉を開けると玄関はなく、いきなり四畳半の上がり端《はな》、その奥に六畳間という2Kの間取り。

ここに、ひっきりなしに人がやって来た。ご近所さん、母の友人や子育て仲間、父の友人、周辺の子どもたち……。

「フーテンの寅さんの実家の草団子屋、あれよ、あれ」

映画「男はつらいよ」の寅さんの実家は、近所の顔なじみ、寅さんが旅先で知り合った人たち、老いも若きも男も女もやって来てはお茶をすすり、世間話に花を咲かせ、愚痴《ぐち》をこぼし、悩みを打ち明け、去ってゆく。それが母の理想の家で、世田谷の高級住宅街の谷間の古いアパートで、嬉々として実践していた。

ギシッ。

ギシッ。

上がり端の四畳半をひっきりなしに人が出入りする。

ギシッ。

ギシッ。

バキッ！

あんまり人の出入りが多いので、ある日ついに四畳半の床が落ちたというのだから、笑えるというか、呆れるというか。

社交的で太陽のように明るい性格の母は、尾山台商店街の店主たちにも顔が広く、たびたび彼らの親切にあずかった。

「もうすぐ賞味期限だから商品にはならないけど、まだ十分おいしく食べられるから持っていきなよ！」

果物屋、肉屋、パン屋、お茶屋……。わが家の生活状況を知るいろんな店から声をかけてもらい、おかげで食費がずいぶん浮いたという。

母は、私がお腹にいるころから新聞配達をしていた。私も3歳くらいになると手伝うようになり、三輪車に乗って母の自転車を追いかけ、配布先のマンションに着くと、10部ほど引き受けてなじみのポストに差し入れた。そんな暮らしの中でも、私がやりたいと言えば、どんな習い事でもさせてくれた。

母は、「イエスマン」を自称する。子どもの求めを一切拒否しない姿勢は、このときから今に至るまでずっと変わらない。

ピアノ、習字、英語、水泳は、母が先生となって教えてくれ、剣道、なぎなた、クラシックバレエ、体操、そろばんは習いに行った。

「失敗したっていい。経験して納得することが大事」

それが親としての持論だ。

また、暇を見つけては私や弟を戸外に連れ出し、木登りや川遊びを一緒に楽しんだ。お

memory file

赤ちゃんのころの私。いつも元気で笑顔が絶えなかったという。このころからプールとは縁が深かったのかも……?

かげで私は、公園の木々の枝や葉っぱで遊び道具を作ったり、郊外の渓流で魚をつかみ取りしたり、都会育ちながら自然派の野生児として育った。

## よりやんと白い線事件

私は、麻生学園深沢幼稚園という有名人や芸能人の子どもたちも多いセレブな幼稚園に通わせてもらった。そこでよりやんこと、三宅由子《よりこ》ちゃんという親友もできた。よりやんはすらりと背が高く、性格は大らか。母曰《いわ》く、イマジネーション豊かなよりやんは「窓ぎわのトットちゃん」、行動派の私は、「長くつ下のピッピ」。好奇心旺盛な凸凹コンビは、ときに大人たちが肝を冷やすやんちゃぶりを発揮した。なかでも母を顔面蒼白にさせたのは、「白い線事件」。

いつものように、私とよりやんは三輪車に乗って街探検に繰り出していた。

「道路では、必ず白い線の内側に入るように。ほかの人の邪魔にならないよう、よりやんと横一列に並ばないように」

素直でいい子だった私は、よりやんと一緒に母の言いつけを守った。守ったつもりだったが、街で私たちを見つけた母は、顔をひきつらせて大声で叫んだ。

「由美ちゃん！　どこ走ってるの！」

どうやら私は、車道のセンターラインを「白い線」と思い込んだらしい。目黒通りのど真ん中を、お気に入りのマイ三輪車にまたがり、「そこのけそこのけ」とばかりによりやんと縦一列になって快走していたというのだ。バカがつくほど素直な娘のせいで、よりやんまで危ない目に遭わせてしまい、母は心底ゾッとしたそうだ。

生死の境をともにした親友よりやんとは、のちに私が名古屋に引っ越してからも手紙のやり取りは続き、交通事故で入院したときには、東京からお見舞いにかけつけてくれた。大人になってからはそう頻繁に連絡を取ることもないが、二人の絆は永遠だと信じている。

## 夢を描くノート

このころの私の口グセは、「よかった!」だ。

「きれいなチョウチョを見つけてよかった!」

「お父さんが早く帰ってきてよかった!」

「ママに絵本を読んでもらってよかった!」

日常のあらゆることに喜びを見出しては、「よかった! よかった!」と言って歩く。きっかけは、「愛少女ポリアンナ物語」というテレビアニメで、どんな苦難にぶつかっても「よかった探し」をして明るく乗り越え、周囲の人をも感化していく主人公ポリアンナに魅了された。

さらに「夢ノート」をつけるようになった。このきっかけは、母である。母は、いつも手のひらサイズのノートを持ち歩き、ふと思い浮かんだこと、その日やらなければならないこと、子どもの行動、一日の反省、自分の夢や目標などを書き留めていた。私もいつしかそれを真似るようになった。ノートはもっぱら、大きな字で書き込める大学ノート。書く内容は、

「サーティーワンアイスクリームやさんになる」

「おしばいでしゅやくをやりたい」

「さかあがりができるようになる」

「おとうとのかぜがはやくなおりますように」

と、夢や願望に限られていた。過去を振り返る日記ではなく、最初から、夢を描くノートだったのだ。また、母によれば、書きっぱなしにしない内容も多かったようだ。たとえば、「おしばいでしゅやくをやりたい」という夢は、見事叶った。いや、叶えた。

もともと身体を動かして表現することが好きで、楽しげな音楽が聞こえればリズムをきざみ、テレビでアイドルが歌っているのを見れば、振りを真似して一緒に歌って踊るような子どもだったらしい。それもあって、幼稚園の学芸会の演目が「不思議の国のアリス」のミュージカルに決まったと先生から発表があったときは、いの一番に手を挙げて、

「わたし、アリスをやりたい！」

と、申し出た。たかが幼稚園の学芸会とはいえ、主役の座をつかむのは案外サバイバルだ。先生を感心させるパフォーマンスをしなくちゃと、幼稚園から帰るなり母や近所の人たちを観客にし、歌と演技の練習をした。努力の甲斐あって、学芸会の晴れ舞台に立つことができ、アリスを演じきった。なかなか好評だったそうで、記憶にない自分の芝居を映したこのときのビデオは、今も残っている。

私は、すでにこのころから、自分の望みをはっきりとさせ、それに向かって気持ちを集中させてがんばることが、なんとなくではあるが、楽しいと感じていたようだ。

逆上がりなどは、公園の鉄棒で熱心に練習に励み、1日でコツを覚えてできるようになったという。

よりやんも、「夢ノート」にたびたび登場した。

「よりやんのリカちゃんにんぎょうのふくがほしい」

とか、

「よりやんとなかなおりしたい」

と書いたノートもある。そして、夢が叶うと、叶った内容の上から赤ペンで線を引き、

「ありがとうございました」

と、書き添えるようになった。自分の力の及ばない、何かしらの支えがあるおかげで叶

# dream note

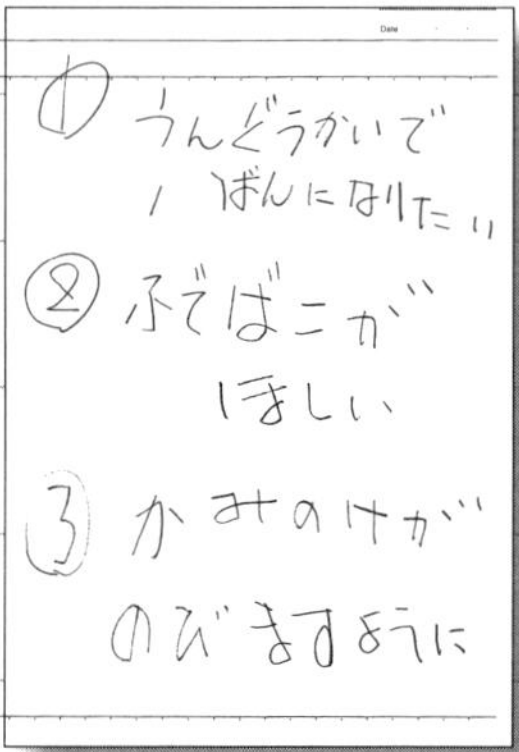


幼いころの「夢ノート」には、絵や単純な夢が描かれている

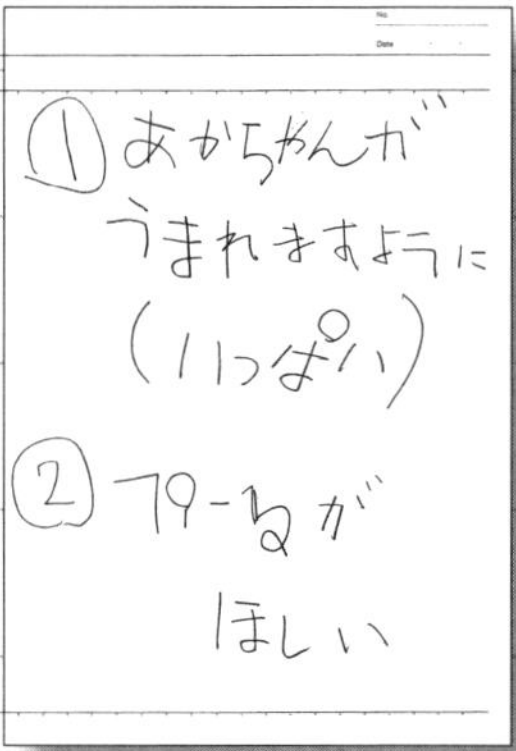


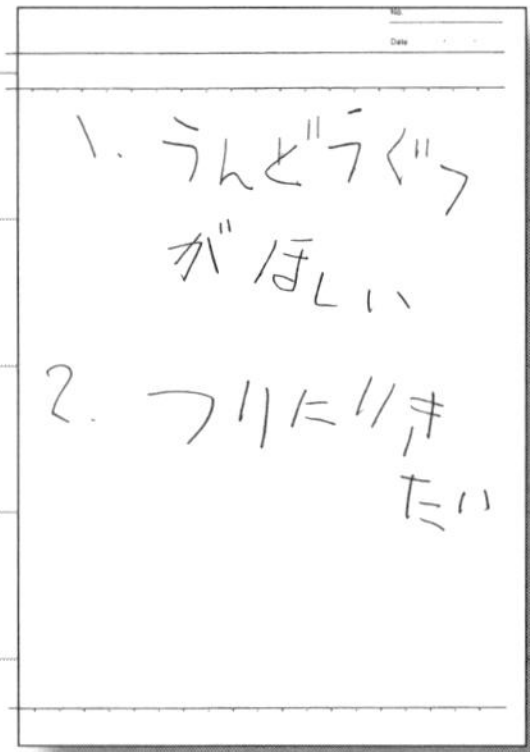

えられる夢もあると、幼心にうっすらとわかっていたのだろう。ごく自然に始めたことだが、そう記せる喜びを心からかみしめられるようになるのは、もう少し大きくなってからのこと。

## 名古屋へ

私が6歳になり、弟が3歳になり、母のお腹の中に妹が宿った1990年、名古屋に引っ越すことになった。

名古屋は、神戸で生まれた母が9歳のときに移り住んだ地だ。母の父、つまり私の祖父は、貿易商をやっていたが、やさしすぎるのが玉にきずで、知人の連帯保証人になったせいで借金を抱え、会社をつぶしてしまった。そして、倒産を機に名古屋に越した。

石黒家の名古屋移転は、老いた父親の近くで住みたいという母の思いと、知人のヘッドハンティングによる父の転職がうまく重なってのことだった。祖父は私が事故に遭う前に亡くなってしまったので、祖父にかわいがってもらった思い出も、私は失ってしまった。

ともあれ、石黒一家は名古屋に移り、私は地元の公立小学校に入学した。

自然とたわむれる暮らしは名古屋でも変わらず、道端に生えているタンポポやつくしを家族で摘んでおひたしにしたり、公園で実って落ちたヘチマを拾い、煮たり炒めたり餡《あん》かけにしたりして、よく食べた。昭和初期のような素朴さだと笑われそうだが、そこにはネイチャー・ライフを満喫しているような爽快感があった。

習い事三昧《ざんまい》も相変わらずで、特にクラシックバレエには熱心に取り組んだ。ほかの子よりもかなり筋がよかったと母は言う。

事故前の私の頭脳や身体能力について母に語らせると、賞賛ぶりは尋常でない。

「由美ちゃん、天才児だったのよ。幼稚園で足し算も引き算も九九もできたんだから」

「由美ちゃん、バレエの素質が際立ってたわ。柔軟性がピカイチだったのよ」

私の天狗になりやすい性格は、母のほめちぎり攻撃によって醸成されたといっていい。いずれにしても、バレエのレッスンは週に一度の心躍る時間だったようだ。

その帰り道、事故に遭った。

# 3

# 入院生活の影と光

## 失明の危機

病室で、開口一番空腹を訴えた私に、母は驚いた。

「由美ちゃん！　由美ちゃん！」

「ママ……、おなかすいたぁ」

ろくに発音できていなかったに違いない。何しろ、顔中に糸が縫い付けられている。おなかがすいたといっても、その状態で食べ物を口にするなどもってのほかだ。

「口の中を２６０針も縫ったんだよ。だから、１か月は点滴で栄養を取ることになる。何か食べさせてやりたいけど、できないの。ガマンしてね」

ミイラのような姿の私は、包帯のすき間から小さくため息をついた。

すべてを忘れてしまった私だったが、なぜか事故の瞬間のことだけは憶えていた。

「運転していたお兄さん、大丈夫だったかなぁ？」

何気ない疑問として発したその言葉に、母や看護婦さんは驚いたという。

目を覆っていた包帯がとれたのは、手術から2週間後。顔面の神経はズタズタに切り裂かれ、右目は閉じることができなくなっていた。

「真っ暗で何も見えない。明かりをつけて」

母はハッとした。外傷よりも深刻な問題が起こっていることを、ただちに察知した。網膜剥離のため、私の視力は失われていた。

私自身は、事の深刻さをよく理解できていなかったと思う。真っ暗闇に突き落とされたのは、むしろ母だった。

母は、手術直後に医師から言われたことを思い出していた。

「外傷だけでなく、言語障害など、ほかにもさまざまな障害が出てくることを覚悟しておいてください。普通の暮らしに戻ることは望めないかもしれません」

事故の状況から見て、身体に一生消えない傷跡が残ることはすでに覚悟していただろう。だが、視力まで失うとは。障害の程度は、母の予測をはるかに越えていた。

入院したのは総合病院で、眼科の専門医のいる別の病院をあたる必要がある。

「あきらめるのはまだ早い。親の私があきらめてどうする!」

気持ちを奮い起こした母は、高度なレーザー治療の技術で知られる藤田保健衛生大学病院での診察を望んだ。幸い、主治医たちが後押ししてくれ、藤田保健衛生大学病院までは救急車で搬送してもらった。このときの病院関係者の誠意にどれだけなぐさめられ、励まされたかしれないと、母は今でも手を合わせる。

だが、頼みの眼科医から下された診断は厳しいものだった。

「手術をしても、99・9%視力が回復することはないでしょう」

# memory file

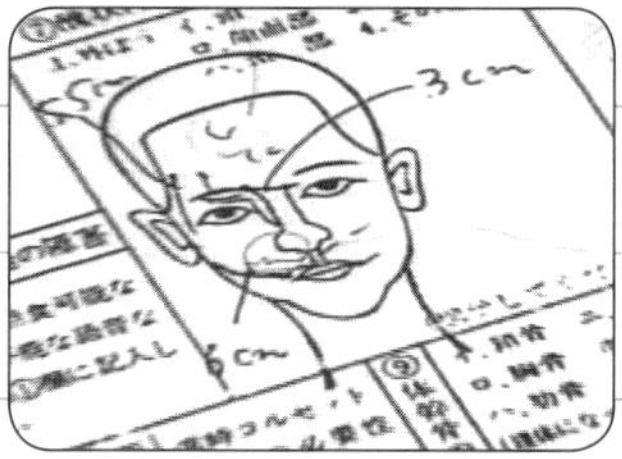

上：入院中に撮った写真。顔からは表情が消えてしまった
下：右頬が唇から耳にかけて裂けていることを示す診断書

小さい体に大きな負担を与えることになるので、絶望的な手術は避けたほうがいい、とも。

宣告されたときの母の様子が目に浮かぶ。手の甲で涙をぬぐい、胸をおさえ、何度もため息をついて、また涙をぬぐってから、1分とあけず、

「その0・1%に、私は賭けます」

と言った。立ち直りの早さ、信じ込みの強さが母の身上であり、私に受け継がれたある種の才能なのだ。

「医者に希望はないと言われてからが、障害を持つ子どもの親にとっては勝負なの。できることはただ一つ。必ず回復すると信じてやること」

母はひたすら前向きだった。その場で1週間後の手術の予定を組んでもらうのである。そして、いよいよ明日が手術となったとき――。

朝、ベッドで目覚めると、光を感じた。何が見えるというわけではないが、たしかに視界は明るく、母の姿やあたりの景色の輪郭がぼんやりとわかるような気さえした。

手術の日、藤田保健衛生大学病院で新たな診断が下された。

「回復の兆しが見られます。手術の必要も、もうありません」

奇跡的な出来事だった。

ときを同じくして、流動食を取り始めた。1か月は点滴だけで栄養を取ることになると

言われていたので、これも奇跡的な回復といえる。しかも私は、流動食のあまりのまずさに耐えきれず、流動食も1週間でやめると訴えた。

流動食は、今思い返しても顔をしかめたくなる。バニラ味、ストロベリー味など、子どもの好きそうなフレーバーもあるが、子どもだましとしかいいようのないまずさだった。

結局、事故から半月後には、やわらかい食事を口にしていた。とはいえ、まだ口がろくに開かない状態なので、うどんなども小さく切り刻まれ、鳥がついばむようにして食べなければならない。食い意地の張っている私にはどうにももどかしく、母がトイレに行ったすきに、皿にあった食べ物をそのまま口にかっ込んだこともある。途端に260針縫った口内の糸は引き攣《つ》れ、食べ物はボロボロとこぼれた。

視力は、ほんの少しずつだが回復していった。回復するにつれ、視野狭窄《きょうさく》の症状があることもわかってきた。視野狭窄は、のちに始めるシンクロナイズドスイミングにおいて大きな障害となるのだが、このときは目が見えてくることが、ただ母娘の喜びだった。

回復を目の当たりにした母は、子どもたちがどんな試練にぶつかろうとも、その身体に宿る力を信じようと心に誓った。

実際、奇跡は続いた。

医師や看護婦は、私が一切痛みを訴えないことに首を傾げていた。

「これだけ傷を負って痛くないはずありません。ただ、痛み止めを使うと傷の治りが遅くなります。ですから、痛がったときにだけ点滴に痛み止めを入れるようにします」

記憶とともに痛みの感覚も失っていたのか、私はちっとも痛がらなかったという。おかげで傷の治癒後、

「痛み止めを使わないと、こんなに縫合跡の治りが早いものなのか」

と、医師たちは驚愕《きょうがく》した。

## 鼻からガラス片

顔の手術は、計3回受けた。頬骨や鼻骨など、あちこち圧迫骨折や粉砕骨折をしており、皮膚の表面はもちろん、口の中からもメスを入れた。

最初の手術は、メタメタに切り裂かれた皮膚をとにかく張り合わせるということを優先させ、重傷の箇所を違う部分の皮膚で補ったりもしていた。そのせいで、こんなことがあった。

包帯が取れて数週間後、頬を触るとチクチクとしたものが手に当たる。まつ毛だった。

「ママ！　まつ毛だ！　ちっとも生えてこないと思ったら、ほっぺに移動しちゃってたよ！」

「あら、ほんとだ！　びっくりだね〜！」

シュールな話だが、いたって能天気な母娘だ。

もっとも母は、私の前では深刻な顔をすまいと努めていた。私は自分が置かれている状況をよく理解できないでいた。ましてや将来の不安など、考えも及ばないことだった。ただ母が力強い口調で「大丈夫！」と言うので、どんなに異常な事態に直面してもなんの不安もなかったのだ。

外傷は目も当てられない状態だったが、医師の最大の懸念は別のところにあった。レントゲン検査で、眉間《みけん》の奥に1センチ角ほどのガラス片が埋まっていることが確認されたのである。急所なので放っておくと命の危険もあるが、急所なだけに手術も難しい。取り除くには、鼻の上部からおでこにかけてペロリと皮を剥ぐようにして開かなければならず、大手術になることが予想された。

母は、ツギハギだらけの娘の顔に新しい傷が増えると聞き、身を切られる思いだったというが、命には換えられないと観念し、手術の準備を進めてほしいと医師に頼んだ。

……と、ある朝、鼻がむずむずして、くしゃみを一発したら、何かがポーンと鼻から飛び出した。ドバドバとしたたる鼻血をおさえながら飛び出たものを拾って見てみると、けっこうな大きさのガラス片だった。

これはもしや……。

例のガラス片ではないかと早速レントゲンを取ってみると、やはり眉間に映っていた影はなくなっていた。瓢簞《ひょうたん》から駒、鼻からガラス片である。

ガラス片はこれだけではなかった。手術で取りきれなかった小さな粒々が顔や腕のあちこちに埋まったままになっていて、それがふとしたときに皮膚から出てくる。ちょうどニキビをつぶすような感覚に近い。違和感のある部分を指でいじっていると、ポロポロと小さなガラス片がこぼれ落ちてくる。おかげで、医師の手をわずらわせなくても私の体内に埋まった異物は順々に取り除かれていった。

人間の体の自然な反応ということもあろうが、あとにして思えば、ちょっとした天からのプレゼントだったのかもしれない。

## 入院サイコー！

私は、入院生活を謳歌《おうか》していた。

顔は引き攣《つ》れ、目を閉じることができず、筋肉が動かないので、喜怒哀楽の表情が一切作れない。言葉を発してもモゴモゴとこもった声にしかならず、一人母を除いて、周囲の人は私の話すことがさっぱり理解できなかった。いくらでも悲観し、落ち込んでもいい状況にあったが、心の中ではこう叫んでいた。

入院ってサイコー！

なにしろ母はつきっきりで面倒を見てくれる。お医者さんも看護婦さんもやさしい。交友関係の広い母の友人がひっきりなしに病室を訪れ、高級フルーツ店の完熟マンゴーや時期外《はず》れの夕張メロンなどを届けてくれる。

『ウォーリーをさがせ！』はたちまち全巻そろったし、「となりのトトロ」のぬいぐるみも大・中・小サイズが枕元に並んでいた。「夢ノート」の内容が、端から叶っていくような毎日だった。

奇妙な偶然だが、私が2、3歳のときに大好きだったアニメの主人公、ポリアンナは、物語の途中、自動車事故で歩けない体になる。失意のあまり、得意の「よかった探し」もできなくなってしまう。やがて手術をすれば治るかもしれないことがわかるが、成功率は低く、命の危険もあり、ポリアンナはそれを承知で手術に臨む。そして、手術は見事成功する。

記憶にないこの物語をのちにたどり、あらためて展開を知ったときは驚いた。「よかった探し」に加え、自動車事故、大手術までもポリアンナの人生を地でいくことになるとは。ポリアンナは手術後、リハビリを経て健康な体を取り戻す。私はそこも同じ道をたどることになる。

手脚の骨折は1か月ほどでギプスが取れた。それまでは、左手を首から三角巾で吊り、片脚も天井から吊られた状態で、ほとんど身動きがとれなかった。だからベッドで自力で起き上がれるようになると、病室から外に出たくてウズウズし、車椅子にあこがれた。

母やお医者さんや看護婦さんが病室の扉を開閉するたび、その向こうで車椅子に乗った患者が往来するのが見え、

「あれに乗れれば、体が不自由でも好きなところに行ける！」

と、気がはやった。

ようやく車椅子に乗れると聞いたときは、うれしくて母にゆるりとハイタッチした。それまでは個室だったので、母以外の人に会いたくても訪問者を待つしかなかった。かつて飛んだり跳ねたりしていた身体が、

「外へ、外へ！」

と叫んでいたのだ。

## 挨拶運動

しかし――。

いざ病室から一歩出てみると、なんともいえない違和感があった。廊下も談話スペースも、暗い空気に満ちていた。行き交う患者たちの顔には生気がなく、みんな伏し目がちで誰とも目を合わそうとしない。7歳の子どもの目には、そう映った。

実は、私のいた形成外科病棟は、重度の障害を抱えた患者が大勢入院していた。なかには無理心中の犠牲者など、恨み、つらみ、悩みが誘発した事故による患者もいて、そうした人は、残らず独特の暗さをまとっていた。

「この空気を変えたい！」

子どもも心に切実にそう願い、行動を起こした。片っ端から病室を訪ね、挨拶してまわることにしたのだ。

朝目が覚めると、すぐさまベッドから起き、巡回を開始する。

扉をガラリ。

「おっはよーございまーす！」

「……。」

ガラリ。

「おっはよーございまーす！」

「……。お、おはよ」

ガラリ。

「おっはよーございまーす！」

「あ、おはよう（笑）」

ガラリ。

「おっはよーございまーす！」

「今日も元気だね。おはよう！」

ガラリ。

「おっはよーございまーす！」

「由美ちゃん、おはよう！　いただきもののお菓子、持ってきなよ！」

「わ〜い！」

ガラリ。

「おっはよーございまーす！」

「由美ちゃん、おはよ！　あとでおいで。将棋教えちゃる」

「うん、あとで！」

ガラリ。

「おっはよーございまーす！」

「オッス、由美ちゃん、この雑誌、隣の部屋の○△さんに渡してあげて！」

「は〜い！」

挨拶運動の効果はてきめんで、顔なじみの患者、顔なじみの患者の家族がどんどん増えていった。

「子どもの力ってすごいですね。由美ちゃんを介して患者さん同士の横のつながりが生まれているんです。病棟全体が明るくなりました」

医師や看護婦に、母はそう言われたという。心を閉ざし、無表情だった患者の口数がだんだんと増え、笑顔も見られるようになり、鎮痛剤や鎮静剤の量が減った人もいる、というようなことも。

その話を聞いて、ふと思ったのだ。

私の鼻からポーンとガラス片が出て、痛みを知覚せず傷口があっという間にふさがったのは、日々の行いに対する天からのちょっとしたプレゼントだったのかもしれないと――。

「そうかもしれない。でもね、周囲の患者さんが変わったのは、由美ちゃんのおかげばかりじゃない。むしろほんのきっかけにすぎなくて、あとは自分自身の力よ。一度心が上向いたときの人間のパワーは目を見張るものがある。みるみる顔色がよくなって、生命力に満ちあふれてくるの。障害を持つ子どもの親にとっては、大きな励みだったわ」

病棟の患者さんたちに、私たち母娘も支えられていたのである。

おかげで骨折も順調に回復し、いよいよ松葉杖での歩行ができるようになった。車椅子にはいい加減飽きてきていたし、びゅんびゅんと速度を上げて廊下を走りまわったり、真夜中にほかの病棟を探検しに行ったり、とんだ〝院内暴走族〟と化していたので、車椅子を卒業することを、病院関係者も患者仲間もみんな喜んだ。

## ザリガニ事件

松葉杖歩行を始めると同時に、リハビリも本格的に開始した。長いギプス生活で筋肉の衰えが著しかったので、病院の体育館でダンベル運動や歩行練習にいそしんだ。

相変わらず視力は弱く、視野狭窄もひどい。そのうえ三半規管《さんはんきかん》もダメージを受けていたため、まっすぐ立つことができない。

顔の皮はあちこちに引き攣《つ》れ、右目側は何もしなくてもあっかんべーをしたような形相だった。暗がりで私がピョコピョコと動いている姿を見たら、ちょっとしたホラーだったろう。

しかし、ここでは自分の外見を気に病むことはなかった。なにしろ同じ病棟には、片腕を切断した人、両脚を切断した人、体中に大やけどを負って包帯でぐるぐる巻きの人など、私以上に重傷の患者が大勢いたし、見た目の後遺症よりも、ハートのあったかさに気が行く人ばかりで、自分も彼らと同じように見てもらえているという心のゆとりがあった。

親しくなった患者の中に、Mさんというおじさんがいた。無理心中に巻き込まれて、ガソリンをかけられて火をつけられ、奥さんを失い一人だけ生き残ったという、全身がケロイド状態の人だった。

memory file

私が交通事故に遭ったと聞いて、東京からお見舞いにきてくれたよりやん(右)。私は右目が閉じず、顔の傷跡も痛々しい

私はMさんが大好きで、病院のすぐ下を流れる小川にザリガニがぐっちゃり住んでいるのを見つけ、Mさんをザリガニ釣りに誘い出した。

「Mさん、あのザリガニ釣れないかなぁ、ねぇ、釣ってみようよ！」

「おうし！　やってみるか！」

Mさんはエサになるさきイカを買い、それをヒモに括《くく》りつけて釣り具を作ってくれた。そして、二人で釣り糸を垂らしてみると、おもしろいほど次から次へと食いついてきて、あっという間にバケツがいっぱいになった。

バケツの中でゴソゴソとうごめくザリガニたち。私には、それがエビにしか見えなかった。

「Mさん、これ、エビみたい。おいしいかな。食べてみたいな。食べてみようよ」

Mさんは、ニヤッと笑い、バケツを持って病院の煮沸室へと向かった。

湯気を立ち上らせた真っ赤なザリガニは、やはりエビみたいにおいしかった。私は、せっかくたくさん獲れたのだからと、患者さんたちに配ってまわった。母は、たまたま家に帰っていて事情を知らなかったが、その晩、担当医に呼び出しをくらった。

「あの小川の水は清涼じゃありません。そこで育ったザリガニを食べたりしたら、どんな食中毒を起こすか。二度と茹《ゆ》でて食べたりしないでください。病室のみんなに配ってまわるなどもってのほかです」

ごもっともである。

しかし、母は私を叱らなかった。おいしいものをみんなにも食べてもらいたいという気持ちを責めることはできないと思ったようだ。その代わり、

「由美ちゃんが配ったザリガニ、体によくないかもしれないの」

という事実だけ、私に告げた。

「えっ⁉　そうなの？　みんな、お腹こわしちゃうの？　どうしよう」

心から反省し、とっさにペンを取った。

「みんながおなかをこわしませんように」

いつしか「夢ノート」を再開していた。

## 忘れられない誕生日

あるとき、形成外科病棟の患者に外出届を出す人が頻発した。医師や看護婦たちは、いったい何事だろうと、首を傾げるばかりである。

1991年、10月31日。私の病室に、入院仲間やその家族たちが次々とやって来た。彼らはそれぞれ、おもちゃやお菓子をたずさえていた。

「外出届を出したみんなは、由美ちゃんの誕生日プレゼントを買いに行ってたんですね」

それを聞いた母は、感激のあまり声も出なかったという。

私は、病室で8歳の誕生日を迎えた。

ケーキ、アイスクリーム、私が大好きだったケンタッキーフライドチキン、それらがあふれるほど届けられ、病室はたちまち食べ物でいっぱいになった。

「どうせならみんなで一緒に楽しみましょう！　ごちそうを食べましょう！」

母の提案に病院も応えてくれ、別室を開放してくれた。そして、急遽《きゅうきょ》誕生パーティーが催されることになった。

「♪ハッピーバースデー　トゥーユー　ハッピーバースデー　トゥーユー　ハッピーバースデー　ディア　由美ちゃん　ハッピーバースデー　トゥーユー♪」

お医者さんも看護婦さんも交えて数十人が祝ってくれた。もちろん、Mさんもいた。

顔じゅう縫い跡だらけでまっすぐ立つこともできない小さな女の子が、卑屈になることもなく、ここは天国かというくらいに心地いい時間を過ごすことができたのは、病院で一緒に暮らした人たちのおかげだ。

彼らの幾人かとは今も連絡を取り合い、近況を報告し合っている。

## シンクロでオリンピックに！

不慮の事故、そして入院は、私の進路を決定づけた。

シンクロナイズドスイミングの魅力に目覚めたのは、入院中のことだった。

病室にはテレビがあったが、母はさらにビデオを持ち込み、大好きなジブリ作品や、録画したドラマを見せてくれていた。その中に、宮沢りえ主演の「スワンの涙」というドラマがあり、引き込まれた。

アキレス腱を切ってバレリーナになる夢を断念し、水恐怖症やライバルとの軋轢《あつれき》を乗り越え、シンクロ選手としての才能を開花していく主人公に、自分の姿を重ね合わせた。

「ママ、退院したら、わたしシンクロをやりたい。シンクロでオリンピックに出る！」

母は間髪入れず答えた。

「やろう！」

そして、意外な事実を明かしてくれた。

「由美ちゃんは事故前からシンクロを習いたがってたんだよ」

もともと新体操など表現スポーツに対する興味が強く、とりわけシンクロは一番習いたがっていたというのだ。だが、スクールが家から遠いうえ、レッスン代が高い。イエスマンの母だからダメ出しこそしなかったが、代わりに水泳とクラシックバレエをやってはどうかと提案してみたところ、私はあっさり賛成したのだという。

どうやら記憶を失っても、シンクロへのあこがれは頭の片隅に残っていたらしい。

退院後、後遺症にめげず日々を過ごしてほしいと願っていた母にとって、もはや高いレッスン代は問題ではなかった。

私は私で、「夢ノート」に途方もないことを書いていた。

「シンクロでオリンピックにでる！」

事故前は漢字も書けたが、事故後はひらがなさえ怪しく、左右が反転した鏡文字になってしまうことも多かったが、オリンピック出場の夢だけは間違えずに書いてのけた。

思えば、このときから母と二人三脚のシンクロ人生は始まっていたのだ。

# 4

# 「夢ノート」で越えた壁

# 言葉のシャワー

事故から半年後、病院のみんなに見送られ、退院した。

「あれだけの事故に遭って奇跡的な回復を遂げた由美ちゃんなら、身体に障害を抱えた人たちに希望を与えるような人生を送ることができる。退院の日はそれだけを信じていたわ」

呆れるほどポジティブな母である。退院からほどなく、身体障害者スポーツ指導員の資格を取得したほどだ。

「ここがわが家よ」

「ふうん」

「で、ここが由美ちゃんの部屋」

「へぇ」

やはりなんにも憶えていなかった。

母は、早速近所にも連れ出し、いろんな場所を私に見せた。学校、公園、スーパー、おもちゃ屋、駄菓子屋……。何ひとつ見覚えがない。懐かしいという感情も一切沸き上がってこない。近所の顔見知りや友達とも会ってみたが、会う人会う人、

「誰だっけ？」

という具合。ただ、母と同じように、父や弟や妹や、親しい人たちのことは認知できたので、「好き」という感覚的な記憶はしっかりと残っていたらしい。人に限らず、好きだったものはすべてそうで、突然「アン・ドゥ・トロワ」と、バレエのステップを踏み始めたりすることもあったという。

そんなことがあると、周囲は、

「思い出した？」

「じゃぁ、これは憶えてる？」

と、問いかけたくなるものだが、母は一切しなかった。一度、

「なんでそうしなかったの？ ちょっとしたことを取っかかりに思い出すこともあったかもしれないじゃない？」

と、尋ねたことがある。

「なんでだろうね。直感かな。今が大事だっていう……。なくしてしまった過去にこだわるより、これからの積み重ねをどうするかってことしか考えられなかったの」

母の直感は正しかったと思う。

私をよく知る人の中には、

「由美ちゃんは、ここでこんなことをしたんだよ。あそこであんなことをしたんだよ」

と教えてくれる人もいたが、正直戸惑うだけだった。弟の茂樹も、

「僕は憶えてるのに、なんでわからないの？　なんで？　なんで？」

と、無邪気に聞いてきた。

でも、母と同様、私にも未来しか見えていなかった。

記憶に問いかける代わりに母が行ったのは、すべての事象の実況中継だ。

「あら、黄色いタンポポが３つ咲いているわね。花びらは何枚あるのかしら。数えてみよう、１枚、２枚、３枚……」

「この橋の幅は5メートルくらいかしらね。橋桁《げた》はどのくらいの高さがあるのかしら。あら、なにかイタズラ書きがあるわ。なんて書いてあるんだろう」

「このオレンジジュース、パッケージに果汁１００％って書いてあるわね。オレンジはカリフォルニア産ですって」

と、目にとまったものを次々と実況し、言葉のシャワーを浴びせかける。

母曰《いわ》く、私の「いつも上機嫌な性格」は事故前と変わらなかったが、会話のボキャブラリーが圧倒的に乏しくなり、口数が激減していることが気がかりで、日常のすべてがリハビリだと考えていたという。

といっても、実況中継はこのとき始まったことではなく、私が赤ちゃんのころからやっていて、その効果か、ひとたび言葉を発し始めると、

「このお花きれいね。心がなごむわぁ」

「ママ、赤は情熱の色だから、元気もらえるね」

などと、周囲の大人が舌を巻くような情緒的な表現をし、「神童」といわれるほどだったというのだ。

尾山台のアパートの部屋で、母と近所の人が車座になって語らったりしていると、

「しつれい、しつれい」

と、手刀を切りながらよけて歩いていたという話もある。立って歩けるようになって間もないころだというから、感心を通り越して、吹き出してしまうような光景だったろう。

まだ話すことのできない乳飲み子も、耳から入った情報をずっとため込んでいて、何かを境に滔々《とうとう》とあふれ出す。それを実感していた母は、事故後の私に同じように無数の情報を注いだ。

もしそうやって実況中継をしてくれていなかったら、物事のしくみや変化に対して何の疑問も持たない、とても鈍感な人間になっていたのではないだろうか。実況中継によって、目の前にあるすべての事象を注意深く眺め、理解し、思考する訓練ができたという気がする。

また、本の読み聞かせも毎日のようにしてくれた。特に母が読んだのは『キュリー夫人』『ジャンヌ・ダルク』などの伝記ものだ。苦難を乗り越え、偉業を成し遂げた人の人生の道筋をたどる中で、何らかのヒントをつかんでくれたらいいと願っていたのだろう。

ある意味、「夢ノート」もひとつのリハビリ行為だったかもしれない。

「うんどうかいで1ばんになりたい」

「ふでばこがほしい」

「プールがほしい」

「つりにいきたい」

このころ書いていた内容は、夢と呼ぶにはあまりにも他愛ない願望ばかりだが、叶えるために何をしたらいいか考えを巡らせたり、叶ったときの輝かしい光景をイメージしたりする中で、万事を相対的に見渡し、欠かせない努力、必要な物事、頼るべき人など、夢を引き寄せる要素を探り出す訓練を、知らずとしていたような気がする。やがて夢を引き寄せるプロセスを意識的にしたためるようになるのだが、それはもう少し先の話。

## うまく走れない！

身体的なリハビリにも、母は徹底的につきあってくれた。

病院でのリハビリでもわかっていたことだが、運動能力の低下は著しかった。三半規管が損なわれ、まっすぐ立てないのは退院しても相変わらずで、走るとなると、てんでままならなかった。

タッタッ。

「あれ？」

タタッ、タタッ。

「あれれ？」

タッタッ、ズリッ。

「また転んだぁ！」

イメージでは走っているつもりなのだが、いつの間にか体は傾き、平らな地面につまずき、しまいには足がもつれて地面に突っ込んでしまう。

乗れたはずの自転車も、ハンドルを握り、ペダルを2、3回こいだところでヨタヨタと倒れてしまう。走ったり自転車に乗ったりという感覚など体が覚えていそうなものだが、まるでダメだった。

とにかく体を動かして、感覚を一からつかんでいくしかない。どうやったらまっすぐ立てるのか、規則的に足を前に運ぶことができるのか、足の運びの速度を上げることができるのか。

タッタッ。

「あれ？」

タッタッ、タッタッ、タッタッ。

「あっ、こんな感じだ！」

タッタッ、タッタッ、タッタッ、タッタッ、タッタッ。

「よおし！」

うまくできたときは、うまくいった動きを何度も繰り返して筋肉の動きを体に覚え込ませた。できなかったことは忘れ、できたことだけ自分にたたき込む。これが何事も向上する秘訣だ。

## 1＋1もわからない！

学校生活にも復帰した。学年は3年生になっていた。

退院時、母は医師から、

「普通学級での生活は難しいかもしれません」

と言われたらしい。だが、絶対に障害を克服できると信じていた母は、

「もとの学校に通わせます」

と明るく言い放ち、身体障害者手帳の申請も行わなかった。そして、入院以来ずっと世話を焼き続けてくれていたのが、学校復帰の初日はあっさりしたもので、私を一人で送り出した。事前に、

「事故の後遺症がいろいろとあるので、よろしくお願いします」

といったことを、学校の先生やクラスの友達に伝えるわけでもなく、なんのブランクもないかのようにふるまった。

母には母なりの子育て論がある。親は、子どもに何か起きては大変だとビクつかず、何かが起こって当然という覚悟、転んだときにしっかりフォローしてやる気構えを持つべし。子どもは、起こったことに対処する力、負けない精神力を養うべし。

その姿勢は一貫していた。

学校に復帰した私は、先生の話を聞く、発言する、書く、計算する、といった能力がひどく低下していたばかりか、新しいことを覚えてもすぐに忘れてしまうという記憶障害もあった。いわゆる典型的なＬＤ（学習障害）で、１＋１の答えもわからず、文字もろくに書けず、授業にまったくついていけなかった。それを家に帰って伝えると、母は、

「わかんないよね～」

と、私がわからないことを認めるだけで、ついていけるよう、もっと勉強しなさいとか、忘れずに宿題をしなくちゃダメだとか、強いることはなかった。また、しょっちゅう忘れ物をして先生に叱られているのを知りながら、

「あれ持った？　これ持った？」

と、翌日の持ち物点検をしたりもしなかった。

「また忘れ物して叱られちゃった」

「また忘れ物して叱られちゃったか〜」

母がそんな具合なので、自分で自分を鼓舞したり励ましたりするよりほかないと思ったのだろう。

「勉強ができるようになりますように」

「忘れ物をしない」

「算数で先生に当てられませんように」

と、せっせと「夢ノート」に書いていた。

テストで0点を取っても一度として母に怒られることはなかった。だから、テスト用紙を隠したりする必要もなかった。

母は、私の視力が奇跡的に回復したとき、わが子の身体に宿る力を信じようと心に誓った。今はできなくても、いずれできるようになると信じていたからこそ、どんなに成績が悪くても気にしなかったのだろう。

私の図太い性格は、こうした母の教育方針の賜物《たまもの》で、のちにシンクロの世界で揉《も》まれた際に本領を発揮することになる。

# プールの壁がお友達

退院時、私は医師に、

「私、シンクロを習うことにしました。オリンピックを目指してがんばります！」

と、意気揚々と語った。

「うん、パラリンピックという立派な大会があるもんね。がんばれよ、由美ちゃん！」

医師は、幼い子どもの大いなる勘違いをさりげなく修正してくれたつもりだったのだろうが、私は大真面目にオリンピックを目指していた。

そして、いよいよシンクロのレッスン初日がやってきた。

門をたたいたのは、愛知県で初めて誕生したシンクロ専門クラブ「ザ・クラブピア88」。

学校復帰のときと同じく、母は、

「交通事故に遭い、身体に障害があるのでよろしく」

といったことは一言も告げず、私をクラブに送り出した。もっとも、顔の傷と体の動きを見れば、すぐに普通の子と違うとわかる。

だが、担当コーチは意に介さなかった。意に介さないどころか、徹底した実力主義で、デキの悪い私は、叱咤《しった》の集中砲火を浴びることとなった。

とにかく練習はタフだった。事故前はとても得意だったらしい水泳も、泳力はすっかり衰えている。クロールも平泳ぎもできたはずなのに、案の定、泳ぎ方も呼吸の仕方も忘れていて、ブクブクと沈んでしまう。

おまけに、目の角膜は、ガラスを砂でこすったように表面がザラザラに傷ついた状態で、右目は完全に閉じることができないので、塩素消毒されたプールの水は刺激が強く、ゴーグルをしていてもすぐに真っ赤に腫《は》れ上がってしまう。

視野狭窄や三半規管の異常も進歩を妨げた。陸上と同じでまっすぐ進むことができないのだ。たとえばプール中央のコースからスタートすると、10メートルほど行ったあたりで90度角度を変え、横の壁に着いてしまう。周囲にしてみれば、迷惑このうえない。結局、プールの一番端っこで、壁にゴンゴンと体を当てながらまっすぐ泳ぐ練習をすることになった。十分に泳力をつけ、着々と演技の練習に進んでいく仲間を横目で見ながら、私はひたすら壁とお友達だった。

母は遠巻きに私の孤軍奮闘ぶりを眺めた。プールの端っこに目をやると、泳いでいるんだか溺《おぼ》れているんだかわからない滑稽《こっけい》な姿で黙々と泳ぎの練習をしている私がいる。何週間経っても、何か月経っても、その光景が変わることはなかった。

特別扱いを望んでいなかったとはいえ、

「もう少しやさしく接してやっても……」

とハラハラし、こぶしをぎゅっとつかんで、

「がんばれ、がんばれ」

と、涙を飲みながら無言のエールを送り続けたという。つらかったはずなのに、私は泣き言ひとつ言わなかったと振り返るが、私からしてみれば、母の
「絶対大丈夫！　絶対うまくなる！」

という言葉を無心に信じていたということに尽きる。

結果的には、コーチの徹底したスパルタ式のおかげで根性が養われた。もし体に障害があるからと、最初の段階で手加減してもらっていたら、他者への甘えを覚え、うまくできない自分、努力しない自分を認めてしまう人間になっていたかもしれない。その意味で、ザ・クラブピア88の鵜飼《うかい》美保先生、井部《いべ》美智代コーチ、鵜飼紗也子《さやこ》コーチには、いくら感謝してもしきれない。

## 致命的な欠陥

シンクロの基本練習も始まった。

上向きで水面に身体を浮かし、頭のてっぺんから足のつま先までまっすぐ平らな姿勢を保つ。さらに腰のあたりで手をかいて頭の方向にまっすぐ進む技はエール。バンザイの姿

勢で手をかき、つま先の方向にまっすぐ進む技は、トーピード。下向きで水面に浮かんで水平姿勢を保ち、頭の方向に進む技はカヌー……。

水中で、プールの壁によりかかって倒立姿勢の練習をする。私はまっすぐ倒立をしているつもりだが、なぜだか前後左右に倒れてしまう。まっすぐがどこかわからない。壁によりかかった状態でそんなだから、水中でひとりで倒立ができるわけがない。

それは水泳以上に過酷だった。シンクロに限らず、種々のスポーツの「型」は、物理的に最も無理がない理想型として開発されるが、それは健常者の肉体が基本だ。私の場合は、普通の人にとって合理的な「型」を決めるのに、どうしたって非合理と不自然がともなう。体の動きのブレが許されないシンクロ競技では致命的な欠陥だ。

また音楽をつけたルーティン練習では、聴覚障害のせいで音を聞きとれないことにも悩まされた。水中外を問わず聞こえが悪く、特に動作の起点や終点となる音や、カウントを刻むためのベースとなる大事な音を逃すと、ひとりだけ振り付けが遅れる事態になる。

本当に、箸にも棒にも引っかからない生徒だった。

## 朝の日課「夢ノート」

「夢ノート」の書き込みは、日ごとにシンクロにまつわる内容が増えていった。書くのは、決まって朝だ。まず、最初のページから読み直すことから始める。読み直すと、夢見る自分の気持ちとあらためて向き合えて、気持ちが弾んでくる。そして、まだ「ありがとうございました」が書けていない内容を確認し、叶えたい思いがまだ強いものは、新たに書き直す。

○月×日
「さんすうのしゅくだいをわすれない」

「えんそくようのクツがほしい」

「およぐときは、しやにとらわれない」

「50メートルを38秒でおよぐ」

「ひだりてのひじをまげすぎない」

「オリンピックにでる！」


目標の高いも低いもごちゃまぜだ。ただ、シンクロの目標設定は、いつも具体的だった。「夢ノート」は私の分身であり、トレーナーでもあった。スキルの向上を支えたのは、まぎれもなく「夢ノート」だ。たとえば、

「しやにとらわれない」

と、書いたら、視野にとらわれないでまっすぐ泳ぐために、何が必要で、自分がどうすべきかを考え、

「あたまのてっぺんでからだのじくをいしきする」

「ななめ15どくらいに目線をもっていく」

「家でふっきんはいきんをきたえる」

などと、ポイントも箇条書きにして、次の練習でひとつひとつ遂行するように心がけた。

そこで新たな課題を見つけたら、翌日の「夢ノート」に、

「あたまのてっぺんでからだのじくをいしきしたときに、ひざが曲がらないようにする」

と書いて、そのために何をすべきかを加え、次の練習で実践した。何度繰り返しても遅々とした進歩で、3歩進んで2歩下がるどころか、目の腫れや三半規管の障害が現れると、1歩も進まず2歩下がるというありさまだった。

ただ、「夢ノート」のメリットはやはり、過去のことは書かないというところだろう。日記は過去を振り返るが、「夢ノート」は未来に目を向ける。日記だったら、

「いっしょけんめいがんばってるのに、またおこられた」

「またタイムがおそくなった」

などと、ネガティブな事実も登場するが、「夢ノート」にはポジティブな期待しか登場しない。毎朝目標がはっきり見えるので、地道にコツコツトレーニングに励むことができる。

「書く」という行為も、気持ちの高揚につながった。だから「夢ノート」は絶対に手書き

がいい。パソコンを買ってもらった大学1年生のとき、もっときれいにまとめることができると思って夢を打ち込んだことがあったが、1度きりでやめてしまった。手書きであれば、書いたときの感情が字に投影され、あとで読み返したとき、夢を叶えたいというモチベーションが再び呼び覚まされる。強く叶えたいと思う夢は、何度も何度も書くので、手の感触を通してさらに意識が高まる。

また、何度も「夢ノート」に登場する内容は、カレンダーの裏などに太字のマジックで大きく書いて、ポスターのように部屋の目立つところに貼るようにしていた。目標を紙に書いて家の壁に貼る習慣は、母のほうが先輩だった。

「ひまわりのようなあなたへ」

などと、目標ともいえない、多分自分への励ましであろう、ちょっと不可解な言葉もあって、ときにはふざけて、そうした母の言葉をわざと覆い隠すように私の夢を貼り、家族全員に知らしめることもあった。

ポスター化する内容も、やはり俄然《がぜん》シンクロの内容が多かった。それだけ思いは強かったし、また、シンクロに関することは自分に厳しく、「ありがとうございました」をなかなか書き入れられなかったこともある。

家の中で一番貼り紙が多かったのは、トイレのドア。ドアの前にはわりと広い空間があり、貼り紙を見ながらよくここで開脚の練習をした。また、肩まわりが堅いのが私の弱点だったので、タオルの両端を持って前へ後ろへと回し、タオルを持つ手をこぶしひとつぶんずつ内側にずらしていくという運動もよくやった。腹筋、背筋、腕立て伏せも各100回、毎日やっていた。

ゆっくりと、ゆっくりと、課題をクリアしている実感があった。毎朝これまで書いた内容を確認し、次のまっさらなページに新たな夢や目標を書き連ねることが、欠くことのできない儀式となっていた。

通っていたシンクロのコースは、火・木曜日に3時間、土日に8時間の練習があったが、やがて月曜日と水曜日にスイミングクラブにも通い始めた。夏休みには朝5時からの朝練習のコースもあり、これにも通った。シンクロというと、華やかな「舞い」の印象が強いスポーツだが、実際は泳力が要《かなめ》で、私にはそれが絶対的に足りていなかった。シンクロの基礎練習でも、泳力が足を引っぱり、ほかの子にまったくついていけなかった。

ふとあるとき、なかなか上達しないでつらい思いをしているんじゃないかと心配した母は、こんな提案をした。

「上達しないのなら、人の何十倍も練習すればいいじゃない！」

そして、私に自主練習を勧めた。ありがたいことに、スイミングクラブでお世話になっていた高木宏先生が、いっこうに泳力が上がらない私に同情して熱心に指導してくださり、

## memory file

小４年で初めて出場したジュニアオリンピックカップで。ビリから２番目の成績だったが、なぜか将来オリンピックに出場できると信じていた。右は応援にかけつけてくれた、よりやんのおばあちゃん

さらに練習後のプールを小一時間ほど使えるようにはからってくださったのだった。高木先生には足を向けて寝られない。先生のサポートのおかげで、私はのちにシンクロ界でトップクラスの泳力を身につけることになるのである。

スイミングクラブでの自主練習には、母もつきあった。かつて水泳選手だった母は、水泳だけでなく、シンクロも教えてくれた。当時シンクロ界を牽引《けんいん》していた立花美哉《みや》選手の演技を何度もビデオで鑑賞し、見よう見まねで私に動きを示してくれた。

私も、シンクロの基礎練習で教わった技を思い出しては繰り返した。母は、少ない家計をやりくりして購入したビデオカメラで、私の練習を撮影してくれた。私は、家でそのビデオを見ながら〝陸トレ〟にもいそしんだ。

## ソロが泳げる！

そして、小学6年生のとき、ようやくポーンと壁を越えた。スポーツの上達も「言葉のシャワー」とよく似ている。来る日も来る日も身体に感覚を覚え込ませ続けていく中で、あるとき急に身体が思い通りに動くようになった。

「ソロ、石黒由美子」

全体ミーティングで、コーチから発表があった。シーズンの始めに開かれる全体ミーテイングでは、合宿や大会の予定、どの選手がソロ、あるいはデュエット、あるいはチームで演技をするのか、といったことが発表される。

私は、長らく「夢ノート」に、

「ソロを泳ぎたい！」

と、書き続けていた。シンクロを始めるきっかけとなったテレビドラマ「スワンの涙」で、宮沢りえ演じる主人公が、チャイコフスキーの「白鳥の湖」にのせたソロで優勝を果たすという展開にあこがれ、ずっと目標にしていたのだ。

コーチからの「ソロ、石黒由美子」の一声はつまり、やっと全員での基礎練習のあとで、単独で「ソロ」のレッスンが受けられるということで、それを聞いたときは飛び上がるほどうれしかった。

「夢ノート」の一文に、赤いラインを引いた。シンクロにまつわる内容に初めて「ありがとうございました」と書き記すことができた瞬間だ。

## 少女の悩み

シンクロの進歩とは対照的に、4年生、5年生、6年生と、学年を重ねるごとに不器用になっていることがあった。学校での友人関係である。

はっきりいって、私は、「いい子」だった。勉強はまるでできないが、授業態度は至極まじめで私語ひとつしない。園芸係になったときは、教室に飾った花に毎日欠かさず水やりをし、弱った芽を摘み、せっせと世話をした。だから、ほかのクラスの花はことごとく枯れてしまうのに、うちのクラスの花だけはいつまでも咲き誇っていた。

掃除も手抜きをしない。トイレも這《は》いつくばってきれいに磨いた。それが当たり前のことだと思っていた。家では、母から頼まれれば、掃除、洗濯、アイロンがけ、料理、なんでもしていたし、苦でもなんでもなかった。

しかし、友達は違う。彼らは5分くらいでとっとと掃除を終わらせて帰りたいのに、クソ丁寧に教室の隅から隅まできれいにしようとしている私がいるので、いっこうに終わることができない。

「もういいじゃん、終わろうぜ」

「何言ってんの？　机のぞうきんがけしてないじゃん！」

小学生くらいでそういう正義感の強い子は、たいがいは煙たがられる。私も私で、自分が絶対正しいと思ったことは曲げない。そういう衝突をちょこちょこと繰り返すにつれ、かわいくない女の子になっていくような気がしてならなかった。親切に対して素直にありがとうと言えず、自己嫌悪に陥ったり、悲しいのに平気な顔をしてやせ我慢をしてしまうこともあった。

この記憶こそ抜け落ちてほしかったというサイアクの思い出がある。小学6年のとき、放課後の教室で好きだった男の子とたまたま二人っきりになった。彼は、まぶしい西日を受け、椅子に足をかけてギターをつまびいていた。なんとすてきなシチュエーション！しかも彼は、「今度一緒にどこかに行こう」らしきことを言ってくれた。

なのにだ。私は、彼を傷つけるようなおそろしくヒドいことを言ってしまった。具体的な内容は覚えていないが、おそろしくヒドい罵詈雑言《ばりぞうごん》だったのはたしかだ。

なんであんなことを言っちゃったんだろう。ほんとはすごく好きなのに。誘ってもらってうれしかったのに……。

そのときの落ち込みようといったらなかった。

## 友の幸せを願う「夢ノート」

思えば、友達づきあいに悩み始めたこのころあたりから、「夢ノート」の書き方が変わってきた気がする。

人との関係は複雑だ。

「Aちゃんが私にいじわるをしなくなる」

「Bちゃんの性格がよくなる」

「C君が私を許してくれる」

そういう、相手の変化に期待するような内容をいくら書いても、夢はいっこうに叶わないのだということが、はっきりわかってきた。Aちゃんとの関係を改善したいのなら、まず、自分の行動を見直すのが、一番手っ取り早い。

「Aちゃんが私にいじわるをしなくなる」

ではなく、

「Aちゃんの良いところをいっぱい見つける」

と書くべきなのだ。

「足が早い」

とか、

「絵がうまい」

とか、

「がまん強い」

とか、探せばAちゃんの長所はいっぱいあるはずで、長所が見つかったら、それがもっと伸びることを願って、

「Aちゃんがかけっこで1番になる」

「Aちゃんの絵がますますうまくなる」

「Aちゃんが先生に怒られてもへこたれない」

といったことを、書き加える。

あとは、Aちゃんがかけっこで1番になるために、いい絵を描くために、先生に怒られたときに落ち込まないために、何が必要か、誰が必要か、そのために自分がどうすべきかを考え、

「Aちゃんと仲良しのBちゃんと一緒にいっぱい声援を送る」

「Aちゃんの絵を自分の絵と比べてほめる」

「先生の味方をしないでAちゃんの味方をする」

と、書き進めていく。

これをやっていくと、最初に書いた1行に、矢印やら箇条書きやらが加わって、図のようになるときもあるが、自分のことばかりでなく、周囲のいろんな人のことを見渡せるようになり、思いやれるようになる。友達の成功が自分の喜びとなり、幸せに思えることがどんどん増えていく。友達の成功に「ありがとうございました」と書くことで、あらゆることに感謝の気持ちが芽生えていく。その結果、いつの間にか人間関係の悩みは消えてしまうのだ。

シンクロのトレーニング目標を細かく具体的に「夢ノート」に記していたことが、日常の営みにおいても役立ったといえるかもしれない。「夢ノート」が、人との前向きな関係

のあり方を示してくれたのだ。

## あだ名は「フランケン」

私は小学生時代、同級生に「フランケン」というあだ名をつけられた。

「フランケーン！」

「なぁに～？」

授業参観で学校にやって来た母が、そんな会話を耳にしたときは、大変なショックを受けたらしい。私はまったく気にするふうでもない様子で明るく答えていたというが、退院前に家中の鏡を取り去っていた母は、心を痛めた。

ある日、デパートの試着室に入った私がなかなか出てこないので、そっとカーテンを開けると、鏡を見て声もなく泣いていたという。元来過去のいやなことをすぐに忘れるタチなので、その出来事はまったく憶えていないのだが。

たしかに私の顔は、フランケン・シュタインのように縫い跡が残り、筋肉はうまく動かず、曲がった口元からはたびたびヨダレが垂れた。視野狭窄で目つきもおかしかった。その回復を飛躍的に早めたのが、実はシンクロだった。

シンクロの演技中は、隣で泳ぐ人を常に視界に入れ、身体の動きを合わせなければならないが、私は前方左右50～60度くらいの範囲しか視界におさめることができず、隣の人を見るために、どうしても首を動かしてしまう。すると、コーチから容赦《ようしゃ》ない怒号が飛んでくる。となれば、当然、首を動かさないまま必死で隣の人を視界に入れようとするわけで、そうやっていく中でだんだんと視野が広くなり、中学を卒業するころには健常者並みに視野が広がった。

一方日常生活では、遠方凝視《ぎょうし》を欠かさず、遠く大空を飛翔する鳥を目で追ったり、近くの団地の階段から東山スカイタワーや緑茂る猿投《さなげ》山を眺めたりした。動体視力を養う訓練も続け、走っている電車の車窓から看板の文字を読み取ったり、道路を高速で走り抜ける車のナンバーを読み取って足し算をしたり、お風呂に入ったときに水道の蛇口からポトリポトリと落ちる水滴を目で追った。

顔のケガのほうは、美容整形をする金銭的な余裕はなかったが、本心のところ、気にならなかったわけではない。写真やビデオを見るたび、右の顔と左の顔のバランスの違いにゾッとした。右目は飛び出るほどに大きく開いているし、左目の焦点は合っておらず、どこを見ているのか自分でもわからない。笑うと左側しか口角が持ち上がらず、醜《みにく》くゆがんで不気味なお面のようだった。

思うように顔の筋肉を動かせないことを強く痛感したのは、シンクロ界の大先輩、奥野史子《ふみこ》さんの表情を真似したときだ。奥野さんといえば、1992年バルセロナオリンピックでソロとデュエットで銅メダルを獲得、1994年世界選手権ローマ大会ではソロ史上初の芸術点オール満点を記録し、日本人初の銀メダルを獲得したことで知られる。

真似をしたのは、オール満点を記録した演技「夜叉《やしゃ》の舞」で、妖艶《ようえん》なその表情に少しでも近づきたかった。ところが、私の顔の筋肉はあらぬ方向に曲がってしまう。

そんな自分の顔が嫌いで、毎日挑むように鏡を見た。食事のときも、入浴のときも。水面に映る自分の姿にうっとりと魅せられるナルシスとは真逆の心理だ。また、ことあるごとに自分の顔をカメラにおさめ、24枚撮りのフィルムを週に1度のペースで消費していた。ケータイカメラを持つようになると、1日に10枚は「自分撮り」をしていた。「アエイウエオアオ」と、大きく口を開けて言う練習をしたり、顔の筋肉を動かすエクササイズも欠かさなかった。

## 夢があるから乗り越えられる

何より効果的だったのは、シンクロだ。シンクロは、身体の表現力はもちろん、顔の表現力も問われ、ときには満面の笑顔が最高の味つけとなったりする。よって、演技中常にすてきな笑顔でいようと心がけはするが、傷跡を気にしている場合ではなかった。

それがよかった。笑顔でい続けることによって、固まっていた筋肉がほぐれていき、引き攣《つ》れもやわらぎ、だんだんと自然な表情が作れるようになっていった。うれしかったのは、高校生のとき、知り合ってからずいぶん経つ友達から、

「その傷どうしたの!?」

と、突然聞かれたときだ。それまで傷があることにまったく気がつかなかったというのである。20歳を過ぎると、

「バッチリです！　お上手！」

などと、シンクロの取材カメラマンに笑顔をほめられるまでになった。傷や障害に対するコンプレックスは、隠す努力よりも、別の魅力を伸ばす努力によって克服できると、はからずもシンクロが教えてくれた。

私のように事故による傷跡や、あるいは先天的なアザ、皮膚病変など、外見のことで悩んでいる人は決して少なくないと思う。なかには、学校生活、就職、恋愛、結婚などにおいて、いじめや劣等感や差別や、さまざまな深刻な問題を抱え、生きることに絶望している人もいるかもしれない。「ユニークフェイス」という言葉もあるが、コンプレックスを抱える人たちや家族を支えていこうという動きも世界的に見られるようになった。

私は、幸いにも悩みを克服することができた。それは、第一に、

「シンクロでオリンピックに出る！」

というたしかな夢があったから。第二に、

「絶対に回復する！　オリンピックにも出られるよ！」

と、常に励まし続けてくれる母の存在があったからだ。

当事者だからこそ、悩みを抱えている人たちに伝えておきたい。小さくてもいいから夢を抱いてほしい。夢を書き留め、きっと叶うと信じてほしい。夢の実現を信じてくれる人を大切にしてほしい。そうすれば、きっとわかる。外見を気にしている場合ではない。まだまだ努力しなければならないことがたくさんあると。努力の先には、美しい人生が開けていると——。

## 落ちこぼれが一躍エースに

私がJOC全国ジュニアオリンピックカップの「フィギュア」種目で5位に入賞したのは、小学6年生のときだ。

シンクロのジュニア大会には、「ルーティン」と「フィギュア」の2種目がある。ルーティンは音楽に合わせて演技をし、技術に加え、芸術的な「舞い」の要素も加味され、採点される。フィギュアは音楽はなく、規定の型をいかに正確に決められるかが採点対象となる。

身体に眠っていたバレエの表現力を少しずつ取り戻していた私は、ルーティンを得意としていた。逆にフィギュアは、身体的なハンデを抱えていたぶんテクニックの精度がなかなか上がらず、苦手だった。しかし、そのフィギュアで全国5位に入賞したのである。

ソロやデュエットは各地方のブロック大会で高い標準得点を通過した者しか出場できない。それに対して、チームはメンバー全員の平均得点をそのチームの得点として考えるため、個人の実力だけでは全国大会に出場できない選手でも、チームでは仲間が高得点を取ってくれていれば必然的に平均点が上がり、チームの標準得点をクリアすることができ、その結果、私のように個人の技術では全国レベルに満たない選手でも、全国大会に出場することができる。

だから私はチームのメンバーとして全国大会に出場できたのだ。フィギュアの上位はソロやデュエットにも出場できるレベルの高い選手が独占するのが通常で、私の入賞はコーチにとっても、一緒に出場した仲間にとっても、驚き以外の何ものでもなかったようだ。なにせ、振り付けの飲み込みは悪い、隣の泳者にぶつかる。デキの悪い生徒の筆頭だったのだ。その落ちこぼれが、全国で5位、クラブの中ではトップの成績をおさめた。

「フィギュアがうまくなりますように」

当然「夢ノート」にも、何度となく書いていた。まさか、この一文に赤線を引き、

「ありがとうございました」

と記せるようになるとは。うまくなりたという一念で「夢ノート」にクリアしなければ

ならない課題をしたため、コツコツと練習を重ねてきた成果を実感した出来事だった。

「陰の努力がむくわれたね。いつか結果が出ると信じてたよ、由美ちゃん！」

そう言ってのけたのは、母ひとり。

一方、私にとっての驚きは、入賞したことよりも、むしろ入賞後の周囲の変化だった。特にコーチは、ことのほか熱心に練習を見てくれるようになった。ずっと壁際に追いやられていた私の練習場所は、プールの中央、コーチの目の前に移った。

シンクロの世界は、

「みんなで一緒に上手になりましょう」

という指導の仕方では決してない。プロポーションの良さも含めて有能な子を徹底的に鍛え、より突出した存在へと引き上げていく。ふるい落とされていく子は無数にいるが、そのぐらいの厳しさがなければ鑑賞に堪え得るレベルの選手は生まれないし、ましてや世界で戦い抜けるオリンピック選手など育たない。

いずれにしても、箸にも棒にもひっかからないと思われていた私が、ジュニアオリンピックカップ5位というカードを手にしたおかげで、エースクラスの子たちと同様に目をかけてもらえるようになったのは幸いだった。

# 5

# 家族の絆

## 両親の離婚

ＪＯＣ全国ジュニアオリンピックカップで5位に入賞し、いよいよシンクロが楽しくなった小学校6年生のとき、わが家に衝撃が走った。両親が離婚したのだ。交通事故の衝撃は、私の体に深い傷跡を残しただけではなく、家族をも引き裂いたのだった。

事故のために家族はバラバラの生活を余儀なくされた。母は入院中の私につきっきりとなり、仕事で多忙を極めていた父は、弟や妹の世話まで時間を取ることは許されなかった。

弟や妹は、さみしい思いをしただろう。当時弟は6歳、妹は3歳で、保育園で閉園ギリギリまでの時間を過ごした。友達の親が、一人、また一人とお迎えにきて、たった二人でポツネンと残される光景がしばしばあったと聞く。想像するだけで胸が痛む。

しかし、もともと明るく前向きな石黒ファミリーである。弟の茂樹は保育園でいろいろな知的遊びを覚え、留守宅では来る日も来る日もゲームを相手に一人で遊んで、天才ゲーマーになった。妹の智子は、お隣に住んでいる親切なおじいちゃん、おばあちゃんの家に遊びに行っては、石黒家では到底食べられないご馳走をお腹一杯食べさせてもらっていた。

弟も妹も、これまで一度だって恨み言を口にしたことはないが、彼らの幼少期を犠牲にしてしまったという思いは、常に私の心の奥に横たわっている。

一方、母は腹をくくっていた。

下の二人は健常児だからどうにかして自分の力で生きていけるが、視覚にも聴覚にも重度の障害を負った目の前の子はそうはいかない。誰かがついていなければ、まともに生きていくことはできないと。

「あんなに笑顔がかわいかった由美はもういない。代わりに顔には無残に引き裂かれた傷跡……。しかも障害まで。正直どうやって生きていけばいいんだろうって思ったこともあったよ。でも、障害があるからこそ、弱い人の立場になって考えてあげたり、寄り添ってあげることができる。私と由美ちゃんにしかできないことをやっていこう」

何をしたかといえば、PTAの役員を引き受けたり、地域の保健委員を引き受けたり、近所の子どもに英語の絵本の読み聞かせをしたり、地域貢献活動や社会貢献活動を熱心にやっていた。地元の公園の遊具の点検や植栽の水やりや清掃を行い、その活動が高じて子どもたちが安全に遊べる公園づくりのため、「公園愛護会」という会も立ち上げた。

その母は、離婚後も父と円満につきあい、子どもたちが父に会うことも受け入れている。

## 徹夜の水着づくり

私が通っていたザ・クラブピア88では、シンクロの水着は選手が自らデザインしていた。

それぞれがデザイン画を描いてコーチに提出し、デザイン案が採用された選手は、布のサンプルを持参して、微妙な色合い、スパンコールのあしらいなど、コーチと細部を詰める。デザインが完成すると、まず、その選手の親が見本となる試作品を作り、型紙も含めて同じチームの選手の親に示し、それに習ってほかの親たちも生地や飾りを購入し、水着を作るという段取りになっていた。

私は、デザイン画を描くのがきらいだった。デザインセンスがてんでない。ゆえに母は、ほかの人のデザイン案に習って衣装を作ることが多かった。ただ、仕事を持ち、ボランティア活動でも忙しく、衣装づくりの作業に取りかかれるのは、仕事も家事も終えた真夜中に限られる。何日も徹夜して作ってくれたこともあった。

「由美ちゃん、今日生地の指定と型紙がまわってきたよ。数日前にもらっていたお母さんもいるらしくて遅れをとっちゃったけど、がんばって仕上げるからね」

クラブの仲間は一人っ子が多く、母親は専業主婦がほとんどだった。しかし母は、日中忙しく立ち働いている。それだけでも遅れをとっている。作業日数まで短いとなれば、衣装はほかの母親が作るものよりもどうしたって見劣りがする。なかには業者に頼んで作ってもらっている裕福な子もいて、プロの手による水着と比べた日には泣きたくなった。

「こんな水着、恥ずかしくて着られない！」

時間に追われる中、寝る間も惜しんで衣装を縫ってくれた母に、よくもそんなひどいことが言えたものだが、子どもの私にそこまで思いやる余裕はない。飾りの半分ほどしか仕上がっていない水着を見て、コーチに叱られることをおそれるばかりだった。最初は完成まで3週間もかかっていたと思う。

「由美ちゃん、ごめんね、ごめんね」

「ごめんね」は、母の口グセだ。

ただ母は、水着づくりを面倒くさそうにしているそぶりは一切見せなかった。

## 茂樹と智子

両親の離婚後も、母を中心に石黒家には笑いが絶えなかった。弟は、私に劣らずママっ子で、2人で競うようにしておどけて、バカをやって、母を笑わせた。

プロのゲーマーになるんじゃないかと思うほど、家に閉じこもってゲームばっかりやっていた弟の茂樹は、高校時代はテニス部に入り、屋外活動も熱心にやるようになった。

茂樹は今、救命救急医を目指し、名古屋市立大学医学部に通っている。私が事故に遭ったときに救命救急医に助けてもらったという話を何度も聞くうち、その道に進もうという思いを強くしたようだ。

彼は口数の多いほうではなく、特に思春期のころは、私が話しかけてもほとんど返事をしてくれなかった。でも、私は、〝茂樹くん大好きオーラ〟を全開にしてしつこく話しかけ、恋する女の古典的な手段を使った。つまり、胃袋に働きかけた。

手羽先の唐揚げ、オムライス、手作りパン、チーズケーキ……。いろんな料理を作って茂樹にふるまった。正直者の茂樹は、おいしくなければそっくり残すが、おいしいと思えば、「うまい」と一言だけ言って、おかわりをしてくれる。それがうれしかった。

私が交通事故に遭ったために、生まれてすぐに近所の親しい老夫婦の家に入りびたりになって、その家に泊まり込むことの多かった妹の智子は、お年寄りに面倒を見てもらっていたせいか、性格は穏やかで、行動もおっとりとしている。

今の智子はスリムで、私のほうがボリュームアップしてしまったが、幼いころの彼女は、生来色黒のうえに、ムチムチに太っていた。おばあちゃんが、石黒家ではなかなか口に入らないデパートの高級ハムやソーセージを、智子が大好物だからといっていつも食卓に並べてくれていたそうだ。彼女の体型は、おばあちゃんの愛情とおいしい手料理によって育まれたといえる。

智子は、小学1年生から私と同じシンクロクラブに通っていた。一緒に暮らしていなかったぶん、先輩後輩として同じ何かに取り組めることが、姉妹のささやかな喜びでもあった。

彼女はもともと運動神経がよく、名古屋の市民スポーツ祭で茂樹と一緒に飛板飛び込みで優勝し、私のシンクロ優勝とあわせて3人で地元紙に載ったこともある。シンクロも私よりはるかに筋がよく、関西選手権では12歳以下の部門で優勝を果たした。コーチにも「トモ！　トモ！」と、よくかわいがられたが、目をかけられすぎて同世代の子にいじめられ、かわいがってもらっていたコーチが辞めてしまったこともあり、小学4年生のときに、「やめたい」ともらした。

私もシンクロでつらいことはたくさんあった。特に智子と一緒に通っていた中学生くらいのころは思春期のせいもあって精神的に不安定で、何度も「やめたい」という言葉を口にし、そのつど母が力づけてくれていた。だが、智子の場合、それはなかった。実のところ、母は私のことで手一杯で、智子のことまでケアする余裕がなかったらしい。精神力の強い母でも限界を感じることもあるのかと、やるせなかった。

ただ、シンクロをやめた智子は、彼女なりに楽しみを見つけた。お世話になっていた老夫婦が巨人ファンだった影響で、彼女も大の野球フリークになった。中学に入ると迷わずソフトボール部に所属し、暗くなるまで練習に励んでいた。

私は野球にまったく興味がなく、ルールさえ知らないが、智子の野球好きは相当なもので、ナゴヤドームにもたびたび足を運んだ。むろん中日対巨人戦で、中日側のスタンドにいながら大声で巨人の応援歌を歌って大顰蹙《だいひんしゅく》を買ったという。

## memory file

上:弟の茂樹(右)と妹の智子と。家族旅行のときの貴重なスナップ
下:たった1枚の家族写真。左から母、智子、私、茂樹

今、智子は東京の大学に通っている。３００円の学食を高いと言って自炊し、弁護士を目指して深夜まで猛勉強の日々を送っている。木村拓哉主演のテレビドラマ「ＨＥＲＯ」の影響らしい。たしかキムタクは検事の役だったはずだが。

それはともかく、いずれ力をつけて難しい司法試験を突破してくれることだろう。思えば私も、シンクロを始めたきっかけは、テレビドラマだった。似たもの姉妹ということか。

智子とは、性格は違うが、お互いに心おきなく悩みを打ち明けられる大事な存在であることは、言葉を交わさなくてもわかる。

私にとって、母の次に信用できる人、それが智子だ。

# 6

# 花開く青春の日々

## 腎臓疾患と疲労

1996年、私は中学生になった。村山富市首相が退陣を表明し、若田光一さんが「エンデバー」で宇宙を旅し、野茂英雄がメジャーリーグで1度目のノーヒットノーランを達成し、音楽界を「小室ファミリー」が席巻していた年だ。

中学生になると、いよいよシンクロの練習も上級クラスの仲間入りだ。JOC全国ジュニアオリンピックカップ5位になったことで、気持ちはノリノリ、自信がついたことで、演技にもますます磨きがかかり……のはずだった。

おかしいと最初に思ったのは、椅子にも座っていられないほどの疲労感に襲われたときだ。シンクロの練習はたしかに激しい。おまけに当時の私は、身長142センチ、体重34キロのチビでガリで、スタミナもなかった。

それにしても、年寄りじゃあるまいし、椅子にも座れないというのはどういうことだろう。車の後部座席にいるときなど、些細な揺れを身体で支えることができず、シートに倒れ込んでしまう。しかも、練習後は相当にカロリーを消費しているはずなのに、ちっとも食欲がわかない。

一方で、事故以来、鈍っていた痛みに対する感覚は、日増しに鋭敏になっていた。完全に閉じない右目がプールの水にさらされると真っ赤になるのは相変わらずだが、それに激しい痛みがともなうようになった。

シンクロの練習はゴーグルを着用して行うが、めまぐるしく動きまわっている間にどうしてもゴーグル内に水は入ってきてしまう。大会を間近に控えた本番さながらの通し練習、もちろん本番でもゴーグルは着用できない。ほかの選手も水中では目を開けるが、私はまばたきをしても完全に閉じないので、水の中にいる時間が長引くほど痛みは増す。

大学生のときにワンデイ・タイプのコンタクトレンズをすると目の負担が軽くなるということがわかり、以後ずっとコンタクトをして演技をしたが、このころはまだ知らなかった。

激しい痛みの知覚。これは事故の後遺症もあるかもしれないと、病院で診察を受けてみると、腎臓を患っていることがわかった。医師の推察によると、プールで菌を拾った可能性が高いという。

「絶対安静が必要です。シンクロの練習は、しばらく控えてください」

承服しかねる診断結果だった。何しろ私は、本気でオリンピックを目指していた。1日でも練習を休んだら、身体は前回の練習までの積み重ねを忘れてしまう。それでなくても、上級クラスに入った途端、下手クソ組へと急転落していた。ジュニアオリンピックカップ5位入賞以来の自信は、消え失せていた。

スキルを上げるためには、練習の量を積むしかない。「夢ノート」に
「腎臓がよくなりますように」

と書き、「絶対安静」は聞かなかったことにして、平日は学校が終わるとその足でクラブに行き、毎日3時間以上練習に明け暮れ、休日も朝10時から夕方6時までクラブに通った。シンクロのほかにスイミングにも通い続け、泳ぎを基礎から学び直した。

新体操や器械体操など、シンクロに役立ちそうな競技のレッスンにも通い、その合間にウエイトトレーニングにも取り組んだ。

「柔軟性をもちたい」

「関節の動きをよくしたい」

「背筋がのびますように」

「手足がきれいにのびますように」

「垂直姿勢で甲《こう》倒れにならないようにする」

「フィギュアでガタガタ揺れない」

「ぜったいい出来ると思うこと」

「夢ノート」は、日々こういった内容で埋め尽くされた。特に柔軟性は自分の得意とするところで、高校から指導を受けるようになった鵜飼美保先生には、

「270度も前後開脚するのは石黒しかいない」

## memory file

中学時代、ジュニアオリンピックカップのソロで入賞したときの演技

シンクロ関西選手権ジュニア部門で優勝。表彰台の中央が私

と言われていた。椅子を2つ離して置き、それぞれに足をかけて開脚するとあっさり180度を越え、お尻が地面につくほどの柔らかさだ。唯一自信の持てることなので、暇さえあればストレッチに励んだ。

長い距離をノーブレスで泳ぐ練習も欠かさない。母も若いころに自由形の選手だったことがあり、50メートルをノーブレスで泳ぐ練習を重ねたそうだ。泳いでいる最中に意識を失い、プールサイドに引き上げられて意識を回復したという経験もあり、

「リミッターが完全に壊れていた」

と、回想する。私も2度ほど水中で意識をなくしたが、私の場合、リミッターが壊れていたというより、意識的に壊したといったほうが正しい。

あるときシンクロを特集したテレビ番組が放送され、その中で、奥野史子さん、立花美哉さんといった名選手を育て上げた井村雅代元日本代表コーチが、

「できると思ったことができるのは当たり前。できないと思ったことをクリアした人だけが、一段上の景色を見ることができる。そこに上がらなければオリンピックに行くことなどできない」

と言われていたことが心に残っていて、それを素直に実践し、水中で、

「もう息が続かない」

と思った先を見ようとしたわけだ。

演技のほうはといえば、最初の30秒はピカイチだとほめられるのだが、腎臓疾患の影響もあって最後までスタミナが続かない。かといって、当時は日本のスポーツ界全体が、ドーピングに対する知識が浅く、飲めるはずの薬を飲むことができなかった。

身体を限界まで酷使していたので、家に帰るともうグッタリだ。勉強も手につかない。体調は終始すぐれず、中1のときには学校でいじめにもあった。小学校のころに友達のズルや怠慢《たいまん》にいちいちツッコミを入れて煙たがられたことを反省し、中学に入ると何に対しても無関心を装うようになっていた。おとなしいつまらない子と思われたかもしれない。

## 〝魅惑〟の北陸旅行

そんな私をかたわらで励まし続けてくれたのは、やはり母だった。

「なんで毎日こんなにつらいんだろう。シンクロのせいじゃないかな。やめちゃおうかな。やめて、もっと普通の女の子みたいに、カラオケに行ったり、買い物に行ったり、いっぱい遊びたいよ……」

ある夏の夜、涙ながらに母に訴えた。すると母は、やおら立ち上がり、テーブルをパンとたたいて言った。

「よし！　遊ぼう！　もう何もかも忘れて、遊び倒そうよ！」

そして、いそいそと旅行支度を始めたのである。

「ほら、由美ちゃんも茂樹も智子も準備して！　明日から旅に出かけるわよ！」

夏休みとはいえシンクロの練習はある。

「えっ⁉　だって、練習はどうするの？」

「休んじゃえ、休んじゃえ！」

「えっ、えええ～⁉」

次の日、石黒一家はなぜか北陸の輪島にいた。

輪島で温泉につかったり、地元の名物を食べたり、観光地を巡ったり、まさに朝から晩まで遊びまくったのである。

そんなことをして3日が過ぎた。

楽しい。たしかに楽しいのだが、何かが腑《ふ》に落ちない。

そして、憑《つ》き物が落ちたようにハッと我に返った。私、ここで何をやってるんだ？　ヤバい、こうしちゃいられない。

「もう家に帰りたい。ママにつきあって遊んでばかりいたら、私の人生ダメになる」

母は心中「我が意を得たり」と独り言ちたに違いない。石黒家は魅惑の北陸旅行を3日で終え、名古屋への帰途についた。

家に帰り、キツネにつままれたような気分でいる私の背中を、母はポンと叩いた。

「大丈夫。何もかも絶対にうまくいく。一番苦しんだ人が、一番幸福になるんだよ。大丈夫！」

うん、そうだよね、うまくいく。「夢ノート」に書いてきたことも、いっぱい叶ってきた。「ありがとうございます」と書けることがどんなに幸せか。これからも何度となく記していきたい……。

## 「夢ノート」と「未来日記」

このころから、それまでとは違ったニュアンスの言葉が「夢ノート」に加わるようになった。

「きらいになったら、あとは好きになるだけ。やれないと悩むくらいなら、やってから悩もうよ」

「わたしにしかできないことって必ずあると思う。生まれていみのない人はいないよね」

「ひくつにならないで。何故なら宝物はあなたの心にあるからね」

「まよったらはじめてみよう。はじめたら前に進んでみよう。つまずいたらまた歩き出してね。くりかえしが未来だよ」

こうした自分を励ます言葉だ。

## dream note

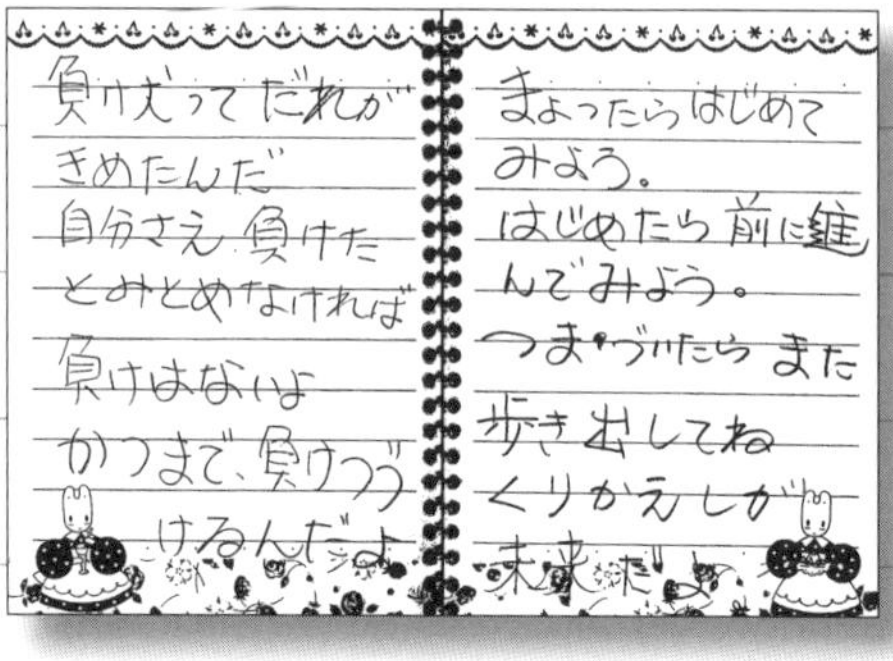
負けだってだれが
きめたんだ
自分さえ負けた
とみとめなければ
負けはないよ
かつまで負けつづ
けるんだよ
まよったらはじめて
みよう。
はじめたら前に進
んでみよう。
つまづいたらまた
歩き出してね
くりかえしが
未来だ！

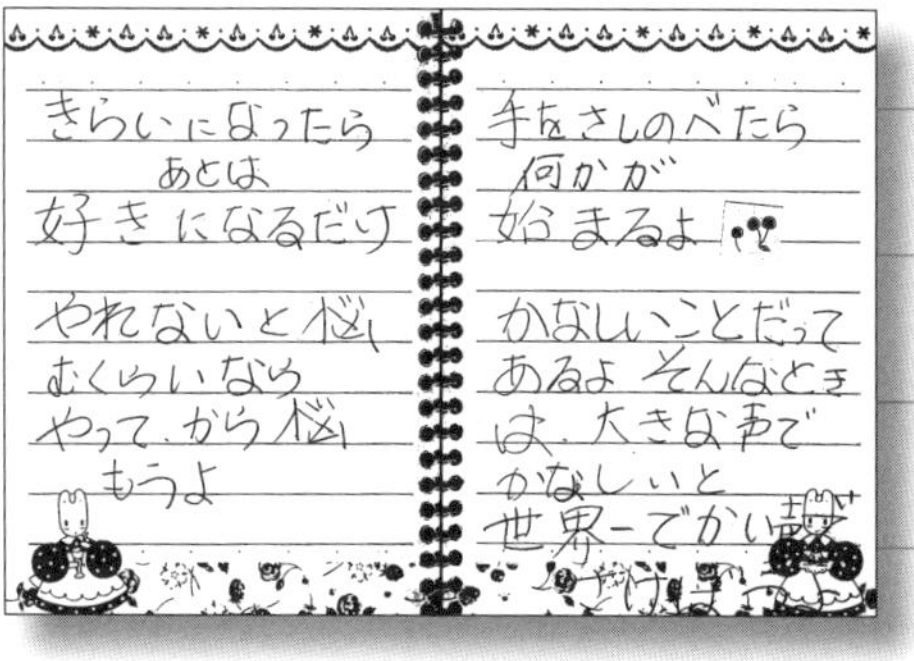
きらいになったら
あとは
好きになるだけ
やれないと悩
むくらいなら
やってから悩
もうよ
手をさしのべたら
何かが
始まるよ
かなしいことだって
あるよ そんなとき
は大きな声で
かなしいと
世界一でかい声

自分で自分を励ます言葉を書き連ねた「夢ノート」。相田みつをみたい……？

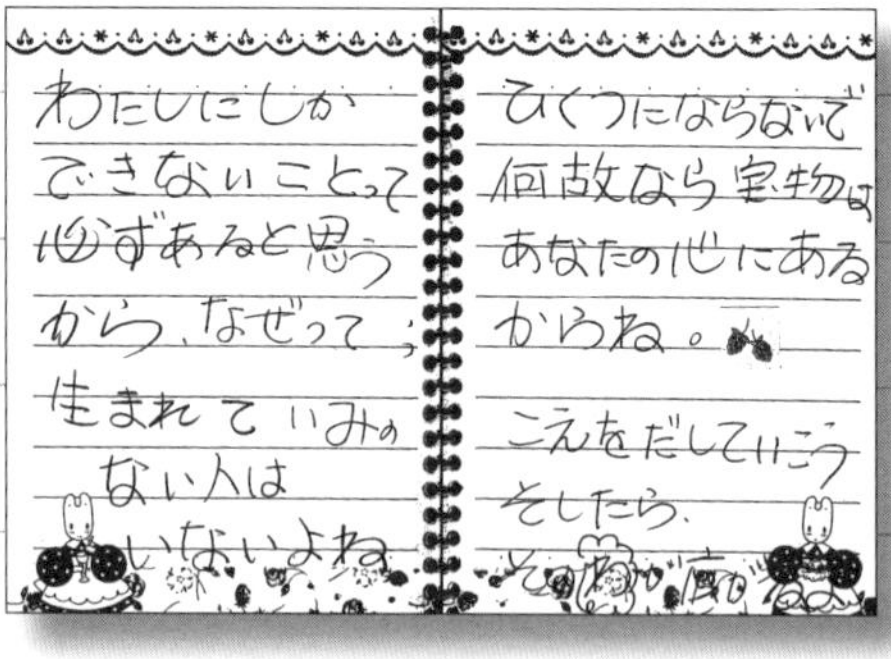
わたしにしか
できないことって
必ずあると思う
から、なぜって
生まれていみの
ない人は
いないよね
ひくつにならないで
何故なら宝物は
あなたの心にある
からね。
こえをだしていこう
そしたら、

さらに、「未来日記」もつけ始めるようになった。日記に登場する私は、すでにいろんな夢を実現している。

「親友ができてうれしい」

「高校3年、FINAジュニアワールドカップに出場した」

「大学2年、アテネオリンピックに出場を果たした。最高の経験だった！」

「イギリスのお城で結婚式を挙げた」

「28歳、マイホーム購入」

ちょっとしたメンタルトレーニングに近いかもしれないが、書いていくうちに気分が晴れてくるのがわかった。いつしか、目指すべき目標が明快になる「夢ノート」で自分を盛り上げ励まし、将来を楽観できる「未来日記」で自分を開放するというのが、大切な日課となっていった。

そうしているうちに、まず精神的に安定してきた。そして、中学2年生のクラス替えを境に一気に状況が変わった。気の合う3人の友達と出会い、彼女たちのおかげで俄然学校生活が楽しくなるのである。中学校入学以来、あだ名がなかったが、「いっちゃん」というあだ名で呼んでもらえるようにもなった。

さらに有頂天になる出来事があった。体育大会の持久走で1番になったのだ。シンクロのトレーニングで、水中で「もう息が続かない」と思った先を見ようとした、あれを陸でもやろうと思い、ラストのスタミナ切れもわかったうえで、とにかく前半に飛ばしまくった。しかも、のちの表彰式で、学校の歴代記録を塗り替えるタイムだったことがわかった。

「すごいよ、いっちゃん！」

「おめでとう！」

「かっこいい！」

それまではとても地味な学校生活で、3人の親友ができたとはいえ、彼女たち以外の人と積極的に交流することはなかった。ところが、1等賞になったことをきっかけに、話したことのなかったクラスメートばかりか、ほかのクラスの子にも声をかけられるようになり、そのたびに胸が弾んだ。

注目されるって気持ちイイ！

心の中で、何かが変わった。

## 読書と朗読と小芝居

充実した学校生活のおかげで、体調も安定してきた。難聴など事故の後遺症と、腎臓疾患と、長くつきあっていこうと腹をくくったのがよかったかもしれない。シンクロも、自主練習をできる限り続け、おかげでトップクラスのお姉さんたちと一緒に練習を見てもらえるようになった。心も体も安定し、すべて上り調子といきたいところだったが、変わらず低空飛行を続けていることがあった。学校の勉強だ。

シンクロの練習を終えた夜はクタクタで勉強する余裕がない。せめて学校の授業は真面目に受けようと、席替えのときは、みんなが嫌う一番前の真ん中の席を希望し、3年間を通してこの位置をキープした。先生の言葉を一言も逃すまいと熱心に聞き、黒板に書かれたことは逐一ノートにとる。授業態度は、どの先生にもほめられた。

「いつもテストの点数はクラスで最低で、きっと授業の内容はさっぱりわかっていないだろうに、よくぞ辛抱してふむふむと聞いているものだ」

と……。授業態度はいいので、内申を甘くつけてもらえたのがせめてもの救いだった。特に、体育、家庭科、音楽など、5教科以外の科目なら4や5をもらえた。

母はまったく成績に頓着しなかった。頓着しないばかりか、学校の帰りが早くなる中間テストや期末テストの時期をねらって、バーベキューやらスケートやら遊園地やらの予定を入れ、子ども3人を連れ出した。

本来ならテスト勉強をしなければならないはずだが、ふだん時間の余裕のない私を加えて一家4人で過ごすことのほうが、優先順位が高かったようだ。

勉強しなさいとは一言も言わなかった代わりに、読書は執拗《しつよう》に勧めた。私が面倒くさがって読みたがらないことがわかると、母なりの策に出た。母が読んで感動した本だけ渡されるのである。

「これ読んで」

見ると、本には付箋《ふせん》がついていて、ページを開くと母の心に響いたらしき箇所に線が引いてある。

「声に出してそこ読んで」

私が読むまで、隣でじっと待っている。読み終わると、

「じゃ、次、この本」

とくる。母は、年間１００冊の本を読ませたいと考えていて、弟と妹には自分の好きな本を読ませていたが、私はなにせ時間の余裕がないので、名文を選り抜いて読ませた。

また、わが家では、一日中朗読のＣＤが流れていた。『ドン・キホーテ』『ハメルンの笛吹き』など物語のたぐいで、日本語だけでなく、英語、フランス語、スペイン語のＣＤが流れていることもあった。

これも「言葉のシャワー」の一環だったのだろう。しかも、

「ＣＤを復誦《ふくしょう》して劇をやって」

とくる。私も素直なもので、ナレーションに始まり、主役、脇役、動物の声まで真似てみせる。フランス語でもスペイン語でも、聞いたまま声に出して小芝居をした。あとになって実感したが、この朗読を復誦しながらの小芝居は、シンクロの進歩を大いに助けた。

というのも、私はずっとシンクロの振り付けを覚えるのが苦手だった。まず、難聴のせいでほかのみんなが聴こえている音を聴き逃し、振り付けに反映できないことがたびたびあった。

また、次の振りをポンと忘れて頭が真っ白になってしまうこともあった。記憶障害の影響だろう。それが、高校生くらいから、誰よりも振りを覚えるのが早くなった。耳から入った音を反射的に身体で表現する小芝居を続けた賜物だと、私は考えている。

情報を自分という器に注いで注いで、そのほとんどは流れてしまうけれど、根気よく注ぎ続けていくうちに微量ずつたまっていき、長い時間を経て器がいっぱいになって、いざというときにチョンと刺激すると、表面張力がはじけるようにワーッとあふれ出す。母に促された小芝居がシンクロに役立ったというのは、長い期間をかけた蓄積の成果を象徴する出来事のように思う。

少々話がそれた。とにかく、私は勉強ができなかった。できなかったが、5教科以外の内申は悪くなく、エッセンス抽出型の読書とCDの復誦を通じ、間接的に国語や英語の力も養っていた。中学3年生になり、いよいよ受験となったときは、それをふまえて一つの高校にねらいを定めた。

だが、母からさりげなく渡された資料に目を見張った。高校3年間で内申平均4・3以上を取れば、国立大学の推薦枠に入れることを示す資料で、ポンと膝を打った。シンクロと両立しようと思ったら、無理をせず授業についていける学校を選ぶべきだ。さらに内申平均4・3以上を目指せば、国立大学を狙える。すでに自分がオリンピックの代表選手になることをこれっぽっちも疑っていなかったし、国立大学にも行きたかった。

私は将来を見据え、志望校を変えた。そして、愛知県立日進高等学校に無事合格した。

## 青春絶頂期

中学2年生のときに体育大会の持久走で1番になって以来、人に注目される快感を覚え、自信をつけた私は、高校でさらにハジけた。休み時間に自分の机にわーっと人が集まる人気者になりたいと思い、まず人に好かれる外見になろうと、髪の色を明るくし、制服のほどよい着崩しを覚えた。

席替えのときは、一番前の真ん中の席ではなく、人がたまりやすい後ろのはじっこの席を望むようになった。物怖じしない明るいキャラクターでいようと努め、先生にも軽口をたたくようになった。

シンクロ選手としていい線いっているらしいという噂もなんとなく広まり、高2のときには生徒会の役員に推薦され、高い支持率で当選した。

「先輩、僕とつきあってください！」

## memory file

上:高校時代はシンクロも絶好調。2001年の国体で後輩の鈴木英里奈(右)とデュエットに出場し2位となった
下:楽しかった高校時代。クラスメートとVサイン!

登校中、新入生に後ろから声をかけられ、告白された。

石黒由美子の青春絶頂期だったといえよう。

生徒会では、期待されて当選したからには何か貢献したいと思い、役員6名で各クラスをまわってアンケート調査を行った。そうしたところ、春や秋に着られる制服の間服《あいふく》がほしいという意見が多く、導入に向けて全校生徒から署名を集め、ほぼ全員の署名を得ることができた。

制服のデザイン案も募り、自分もシンクロの衣装と同じようにデザインを考え、提出した。最終的に落ち着いた案は、セーラー服スタイルの間服で、集まった署名とデザイン画をそろえて学校側に導入を申し入れた。

卒業までに間に合うかどうかという心配をよそに、新年度の春から導入されることが決まり、高3に上がった4月、できたてホヤホヤの間服に袖を通すことができた。新入生も含めて間服は飛ぶように売れた。最近になって母校を訪問する機会があり、同じデザインの間服が今も変わらず生徒たちに着られているのを見てうれしかった。

振り返れば、高校時代が、最も夢ノートに「ありがとうございました」と書き入れられたころだったかもしれない。シンクロに関しては自分に厳しくしたかったので書けなかったが、特に学校生活のことでは、次々と叶っていく感覚があった。

「間服が導入されますように」

も、その一つだ。また、「テスト で１００点を取る！」の一文を赤線で消して「ありがとうございました」と書けることもあった。中学のころには考えられなかったことだ。ひとえに、「高校3年間で内申平均４・３以上」がきいていた。さすがに学校の授業を真面目に聞いているだけで、それを実現するのは難しいと考え、家での勉強を始めたのである。

高校時代は新聞配達のアルバイトもしていたので、勉強時間を確保するため、私のスケジュールは分刻みだった。

学校が終わった足でシンクロに通い、夕方5時から8時まで練習し、9時ごろ帰宅。食事後、部屋で腹筋、背筋、腕立て伏せなどの陸上トレーニングをし、そのまま机に向かうのは体力的にきついので、お風呂に入って11時ごろに一度寝て、夜中の3時に起きて授業の予習・復習。明るくなる前に40戸分の新聞を自転車で配ってまわり、7時半には高校に向かうという繰り返し。土日は1日10時間、シンクロの練習漬け。夏休みは朝5時からスイミングスクールで水泳の自主練習もした。

ちなみに夜中の3時に起こしてくれるのは母で、私ががんばっているのに自分が寝ているわけにはいかないと言って、お茶を入れてくれたり、別室で何かしらの仕事をしていた。

## 進化する「夢ノート」

勉強に打ち込むようになってからは、「夢ノート」のまとめ方もより効率的になっていった。自分の目標を、「緊急重要」「緊急」「重要」「その他」の順番でランクづけし、上から順に遂行していく。

○緊急重要／数学のドリル3ページ、英語の宿題
○緊急／Bちゃんに借りていたCDを返す
○重要／筋力トレーニング
○その他／オリンピックに出場する

これをやると、漠然とあれもこれもと思っているより、明快に足りないところが見えてくる。「緊急重要」「緊急」「重要」の3項目は、何が何でも達成していたので、おのずと「ありがとうございました」は記せた。「その他」は、すぐに実現は難しく、かつ、強く叶えたいと思っていることで、毎日同じような内容を繰り返し書き、さらに思いを強くした。

ただ、自分の目標を明快に掲げ、努力によって達成している実感は、私を増長させた。テストの点数がなまじいいので、嫌いな先生の授業は熱心に聞かず、態度も横柄だった。それが災いして、中間テストも期末テストも97点を挙げたにもかかわらず、4の成績をつ

けられた科目があった。

ある日、母が私の担任に用があって職員室を訪れたときのことだ。ふと、職員室の外まで聞こえるほどの大声で先生に詰め寄っている生徒の声が聞こえ、野次馬根性で遠巻きに眺めた。母はハッとした。

「うわぁ、どうかうちの由美ちゃんじゃ、ありませんように」

おそるおそる近づいてみると、後ろ姿の大声の主は、まぎれもなく私だった。

「なんで満点に近い点数取ってるのに4なわけ？　おかしいじゃん！」

ふてぶてしい態度で、しかもタメ口で、先生に詰め寄る姿に、母は仰天したという。中学当時のおとなしい石黒由美子の面影は、もうそこになかった。


自分を律して生きていたので、ほかの人にも厳しかった。母にさえも。そのおかげで、今も感謝されていることがある。

「ねぇ、ママ、もしかしてコンタクトレンズしてるの？」

「え？　そうよ、前からしてるよ」

「私には遠方凝視しろとか、動体視力を鍛えろとか、さんざん言ってたのに？　私、失明寸前だったのが、今の視力1・5だよ！　ママ、コンタクトしてる場合じゃないよ！」

そうなのだ。私の視力は、高校のころには1・5まで回復していた。「夢ノート」に

「目がよくなりますように」

と書いたのはずいぶん昔のことだが、当時のノートが見つかれば、誇らしい思いで「ありがとうございました」と書き入れるところだ。

母は、言われたそばからコンタクトを外し、遠方凝視と動体視力の鍛錬を始めた。今は裸眼で何不自由なく過ごしている。

「ジュニアワールドカップで優勝する！」

高校のころは、シンクロも上げ調子が続き、「夢ノート」にたびたび「優勝」の文字が躍った。ずっと「夢ノート」に書き続けてきた、

「背が伸びますように」

という願いも叶い、高校入学時147センチだった身長はぐんぐん伸び、高校3年には163センチに達した。

トップの位置が一番明快に見えていた時期だ。さらに、スキルアップを目指す内容がより細かくなった。

「片足ヒップリフトを毎日続ける」

「ベントニー姿勢ではお尻のカドまで出す」

「首の力をぬかないで肩甲骨を下げられますように」

dream note

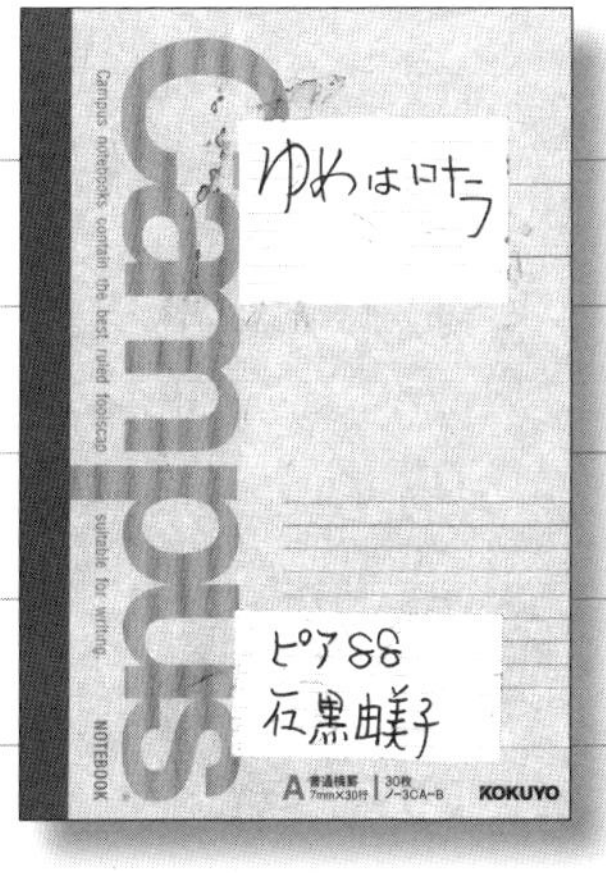
Campus
Campus notebooks contain the best ruled foolscap suitable for writing
NOTEBOOK
ゆめは叶う
ピア88
石黒由美子
KOKUYO

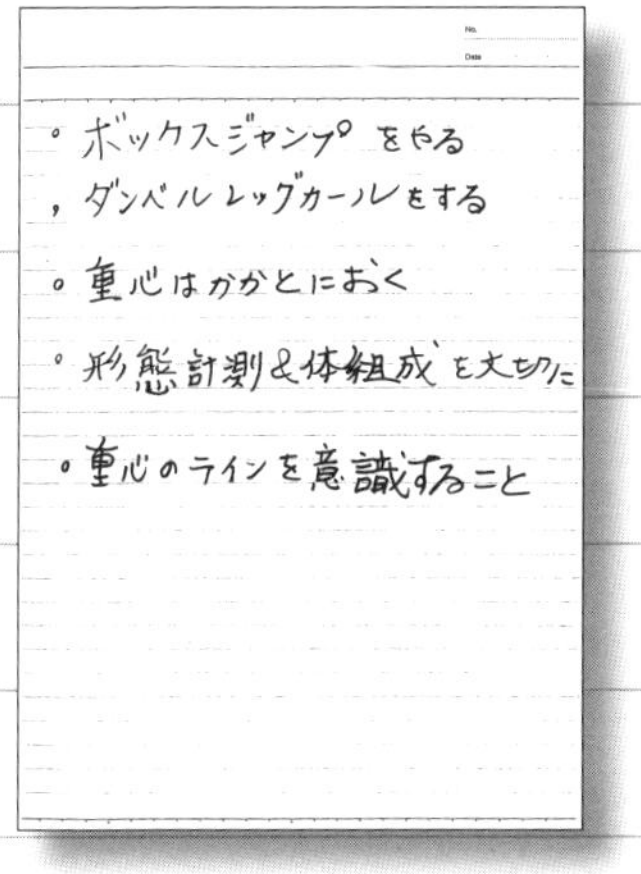
・ボックスジャンプをやる
・ダンベルレッグカールをする
・重心はかかとにおく
・形態計測&体組成を大切に
・重心のラインを意識すること

高校のころの「夢ノート」は、
シンクロ技術のことで一杯

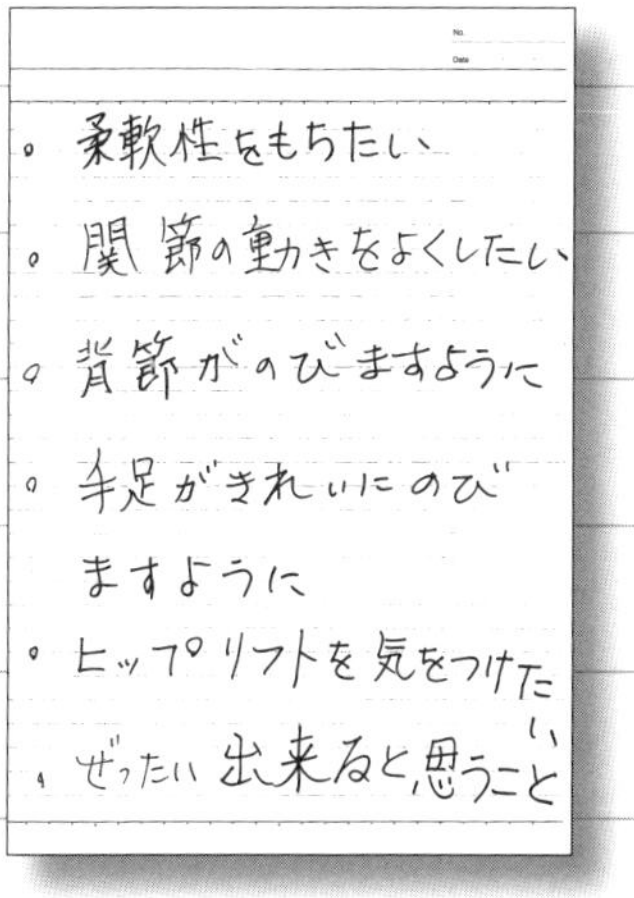
・柔軟性をもちたい
・関節の動きをよくしたい
・背筋がのびますように
・手足がきれいにのびますように
・ヒップリフトを気をつけたい
・ぜったい出来ると思うこと

「体重を52キロでキープする」

ざっとこんな感じだ。

「パフォーマンスの改善が運命をわけることを忘れないこと」

「自分に負けない。ぜったいに自分はやれる」

「夢を大きくする」

といった、自己啓発的なことも書いていた。水泳のスキルも上がり、シンクロと並行して通っていたスイミングクラブでは、全国大会に出場する競泳選手と肩を並べるほどの好タイムを記録するようになった。シンクロ界では、速さで知られていた立花美哉さんに並ぶタイムを出せるようになった。

プールの壁にぶつかりながらアップアップしていた身体障害児の大躍進は、「夢ノート」への記録と記録の達成、この2つを往復した結果だと私は考えている。

2000年、高校2年の8月、JOC全国ジュニアオリンピックカップで準優勝し、優秀選手賞をいただいた。これが、アテネオリンピックへの出場を目指せると思えた最初の出来事だった。

さらに翌年、念願の日本代表に選抜され、アメリカのシアトルで開催されたFINAジュニアワールドカップでチーム2位の成績をおさめた。

## memory file

高3のときに、初めて日本代表に選抜され出場したFINAジュニアワールドカップでチーム2位に（上の写真では左から2番目、下の写真では一番右の列の奥が私）

クラブでは、オリンピック代表選手候補として扱われるようになった。同時に、両肩にかかる責任も重くなった。コーチの注意をチームのメンバーに伝えたり、メンバー同士の意見をまとめてコーチに伝えたり、いわば中間管理職のような立場で気苦労も多かった。ただ、私もクラブに貢献したいという思いが強かったので、頼まれ事はできるだけ引き受けた。

## 大ちゃんの音楽編集

演技のときに流す音楽の編集も担当した。もともとソロの演技用に、複数の曲を自分好みのタイミングでつなぎ合わせ、テープにおさめるということをやっていて、その技量を見込まれた。母によれば、私は、まだ3歳くらいだったころに、教育テレビの「みんなのうた」をカセットテープに録音して遊んでいたという。中学生くらいのときは、好きな曲を集めたオリジナルテープを作ったりもしていた。フェードアウトして次の曲につないだり、DJもどきのことを楽しんだものだ。

時間の余裕がない中で、ほかの選手やチームの音楽まで編集するのはなかなか大変だったが、これがのちに、意外な人とのつながりを生んだ。高校1年のときの同級生、大ちゃんこと鈴木大次郎君だ。

## memory file

大ちゃんこと鈴木大次郎君。大ちゃんの編集した曲で、数多くの世界大会に出場し、入賞を果たした。現在、藤田保健衛生大学病院の医学生として勉強中！ なんと私が事故に遭ったとき、目の治療をしてくれた病院で、不思議な縁を感じる

入学式で初めて見た大ちゃんは、髪はオールバック、制服のズボンを腰で履き、下駄を履き、なぜだか耳にマクドナルドのストローを突き刺していた。見るからに「コワッ」というタイプだったが、一緒のクラスになってみると、やさしくていい人で、たちまち仲良くなった。

しかし大ちゃんは、高校2年のときに自主退学してしまった。それでもやり取りは続き、東京の音楽事務所で働きながら音楽編集の勉強をしているという近況を聞いた。ちょうど、クラブから大会用の音楽をCDにおさめる仕事を任されていた私は、大ちゃんに曲入れの指導を求めた。

「俺がやってあげようか」

大ちゃんは、そう言ってくれた。そのときのCDをきっかけに、クラブから直接大ちゃんにオーダーが入るようになり、大ちゃんが編集した音楽は、数々の大会で流された。

大ちゃんとの関係には後日談があって、お互いに多忙になってしばらく連絡が途絶えていたが、医大を目指して予備校に通っていた弟の茂樹に、

「多分、おねえちゃんの同級生だったと思われる人がいる」

と言われ、茂樹を介してコンタクトを取ったところ、まさに里帰りした大ちゃんだった。何と大ちゃんも医者を目指して予備校に通っていたのだ。

母も大ちゃんが大好きで、うちに呼んで食事をふるまったり、親しい関係は今も続いて

いる。面倒くさがって音楽編集の仕事を引き受けていなかったら、大ちゃんとのすてきな関係もなかったわけだ。

「蒲郡《がまごおり》にあるプールで30人の児童の水泳指導をしてほしい」

と、コーチから頼まれたのもこのころだった。蒲郡といえば、名古屋から車で2時間半ほどの距離がある。水泳指導員の資格も、緊急救命士の資格もない高校生の私が、30人もの子どもの相手をしていいものかと戸惑ったが、私を信用して頼んでくれたことがうれしくて、これも引き受けた。

大変だったのは母で、私が学校が終わるのを校門の前で待っていて、車で蒲郡まで送ってくれ、指導が終わると、また私を車に乗せて家まで走ってくれた。

「そんなこと引き受けちゃって!」

とは言わず、全面的にサポートしてくれた。

母ばかりでなく、友達も忙しい私を支えてくれた。大会などで学校を休まざるを得なかったときは、

「休んでたときのノートとってあるよ」

と、写させてくれたし、大会後に「お疲れ様会」を開いてくれたりした。私が大会でいい成績を取ったりすると、自分のことのように喜んでくれ、大きな励みとなった。だから、

高校のときの「夢ノート」には、友達の夢を書くことも多かった。

## 入学金と授業料の免除

いよいよ大学受験の時期が迫ってきた。志望したのは国立愛知教育大学。推薦枠とはいえ、ちゃんと試験はある。通知表の内申平均は4・8あったが、範囲がある程度予想のつく学校のテストに比べ、入試はぐんとハードルが高くなることが予想された。

ただ、入試の直前にシンクロの中央合宿が重なり、ハードな練習が終わってからの受験勉強はかなり難しくなっていた。当然「夢ノート」には、

「愛知教育大学に合格する！」

と書いていたが、そのための努力をするにもいかんせん忙しく、宿泊していたホテルの部屋に戻ると、ベッドしか目に入らない。

ここで、また母が活躍を見せる。愛知教育大学の過去の試験問題集を手に入れ、母なりに傾向と対策を分析し、オリジナルのテスト問題を何通りも作ってくれたのである。それを、ファックスでホテルに送信してきて、添削するから答えを書いて送り返せと言う。

翌日も朝早くから練習があるので、5分でも10分でも余計に寝る時間がほしかったが、高校3年間、なんのために夜中に起きて勉強し、内申平均4・3以上を堅持してきたのか

と思ったら、それはもう、必死に取り組むしかなかった。

家でも、母お手製のテストに取り組んだ。クラブから帰ってヘトヘトの私に、母は、

「30分だけ」

「頭がまわらないなら、問題を読んで、答えを書き写すだけでいいから」

などと言って、机に向かわせた。

さて、試験当日。かえすがえすもラッキーだったのは、論文の課題が、前日たまたま居間で流れていたテレビ番組で特集していたことだった。たしか、ヨーロッパの教育に関することだったと思う。

「おっ！　これなら、なんとか書けそう！」

目の下を真っ黒にして今にも寝入ってしまいそうだったのが、一気に目が覚めた。

母娘二人三脚の受験勉強の甲斐あって、無事愛知教育大学に合格した。しかも、推薦枠の受験者の中でトップの成績だった。なぜそれがわかったかというと、希望者には成績開示表が送られてきて、そこに「1位」と書いてあったからだ。

かくして私は「成績優秀者」として入学金が免除になった。

実は、「夢ノート」に、

「入学金が免除になりますように」

「授業料が免除になりますように」

と書いていた。もし受かって、うちの経済事情を書類で提出すれば、審査の末に免除してもらえるのではないかと期待して書いた内容だ。はからずも、入学金免除の条件を自分の力でクリアすることができた喜びは大きかった。母に世話になりっぱなしの私が、些細ながらも家計の負担を軽減できたのだ。さらに書類審査のうえ、授業料も免除となった。

## オリンピックが視界に

大学に入学すると、水泳部に入った。その目的は、シンクロの大会出場のため、水泳連盟に所属することにあったので、練習にはほとんど参加しなかった。ただ、試合のときだけ顔を出し、東海ブロック大会の決勝に残るなど、目立つ存在ではあった。自分ではスターー選手のような気分で、はたから見たら、傲慢《ごうまん》そのものだったと思う。大学1年のときは、アテネオリンピックの日本代表選手選考会を翌年に控えていたせいもあって、講義が終わるとザ・クラブピア88に直行していた。部活動への参加は二の次だった。

そして、大学に入った2002年の7月、スイスオープンでデュエット3位、チーム優勝、コンビネーション優勝の成績を挙げた。といっても、スイスオープンに出場するのはナショナルBチーム代表で、つまり、Bチームでも上位に食い込める大会ということだ。

シンクロ日本代表選手の選考は、FINAジュニアワールドカップ、FINAワールドカップ、日本選手権、世界選手権、アジア大会、全国チャレンジカップ、スイスオープンなど、さまざまな大会で個人個人が審査され、ポイントがつけられる。そのポイントによってランキングが決まり、15～18歳の有力選手はジュニア日本代表（オリンピック基準4人選出／その他の大会基準10人選出）に属し、18歳以上の有力選手は、ナショナルAチーム代表（オリンピック基準9人選出／その他の大会基準11人選出）か、その下のナショナルBチーム代表（オリンピック基準、その他の大会基準ともに10人選出）に属する。

ナショナルAチーム代表の下位ランクの選手と、Bチームの上位ランクの選手の実力差は紙一重で、激しく順位が入れ替わり、そこにジュニア日本代表の有能な選手も加わってくる。

オリンピック代表選手に選ばれるのは、合計9人。テクニカルルーティン、フリールーティンともに、チームは8人編成なので、1人は補欠だ。

大学1年生当時、私はナショナルBチーム代表に属していた。ランクとしては、Bチームの2～3位くらい、全体では13～14位くらいだった。それでも、自分は翌年までにポイントを挽回し、絶対にアテネに行けると信じて疑わなかった。私以外に信じてくれていたのは、母だけだったと思う。

「メングアル・ジェンマになる！」

「夢ノート」にはあこがれの選手が登場し、オリンピックの舞台で彼女のように観客を魅

## dream note

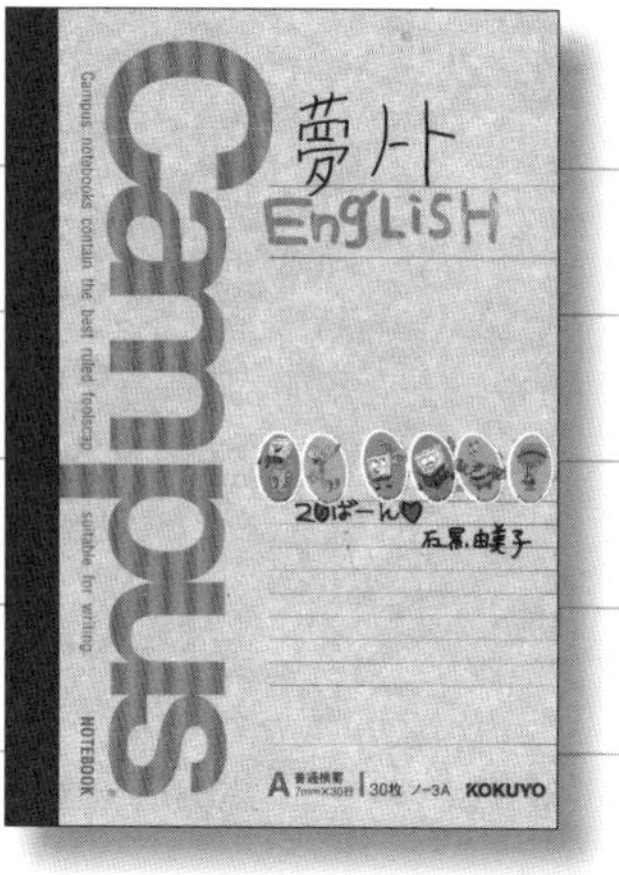


大学時代の「夢ノート」。前よりもメンタルな内容が多くなっている

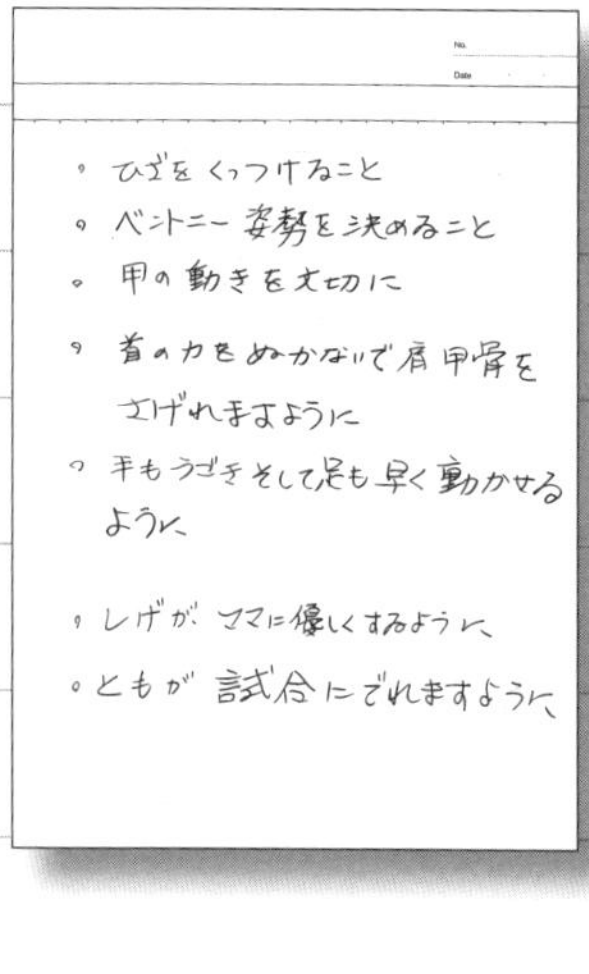

・ひざをくっつけること
・ベントニー姿勢を決めること
・甲の動きを大切に
・首の力をぬかないで肩甲骨をさげれますように
・手もうごきそして足も早く動かせるように
・レゲがママに優しくするように
・ともが試合にでれますように

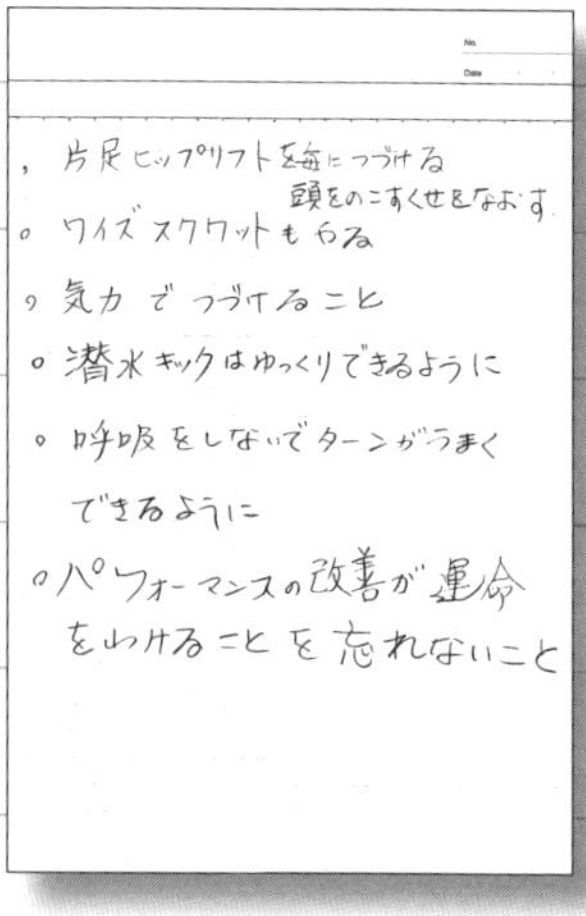

・気力でつづけること
・潜水キックはゆっくりできるように
・呼吸をしないでターンがうまくできるように

了する自分の姿を思い描いた。メングアル・ジェンマは、スペインのシンクロ選手で、初めて彼女の演技を見たときは、感動のあまり涙があふれた。シンクロは、規定の型を確実に決めていかなければならないスポーツだが、それを観客に意識させない、自由で躍動的な演技を展開する選手で、見るたびに心揺さぶられた。

思い返せば、シンクロの何が私の心をとらえたかといえば、陸の上では決してできない、水の中でしか生み出せない身体の動きそのものだった。優雅で、しなやかで、力強くて、無限の可能性を感じた。さらに、音楽と歓声が会場をドラマティックに盛り上げ、演技者と観客を陶酔の渦に巻き込んでいく。そんな壮大なイメージを持って始めたので、最初は自分の身体の不自由さに愕然《がくぜん》とした。

でも、「夢ノート」に書き入れた目標を、地道にコツコツ達成し続けてきたことで、オリンピック代表選手の座が射程距離に入る位置まで行き着いた。あともう少しで、最も回数を重ねて書いた夢に手が届く——。

栄光と輝かしい未来しか見えていなかった。自分と順位を競っている選手のポイントもまったく気にならなかった。自分は絶対に9人の中に入れるのだから。

## シンクロの天使

アテネオリンピックの日本代表選手選考会をにらんだ強化合宿は、2003年8月から開始された。その年のスイスオープンにもナショナルBチーム代表で出場し、チーム優勝、コンビネーション優勝を果たしていて、調子は上々だった。

ただ、まだ10代の私は年少組で、ハイレベルなナショナルAチームの〝お姉さんたち〟に囲まれ、不安がなかったといえばうそになる。すべてが初めて尽くしで日々どう過ごすべきかもまったくわからなかった。知らずと緊張していたのだろう。練習初日前夜はなかなか寝付けず、それがたたって朝寝坊をしてコーチの電話で起こされるという失態を演じてしまった。

気を取り直してプールに行くと、オリンピック代表の有力候補となっているメンバーが別メニューで練習していた。有力候補選手は、すでに前年の10月からオリンピックに向けた振り付けで練習を開始している。Bチーム要員だった私は当然メンバーではない。だが、近いうちに加われると信じ、お姉さんたちの練習の様子を観察して必死に振り付けを覚えた。

振り付けはとても複雑だった。誰よりも覚えるのが早いと自負していたはずが、混乱して頭を抱えてしまうこともあった。眉間にシワを寄せて半ばパニック状態になっている私に、手を差し伸べてくれた天使がいる。原田早穂《さほ》さんだ。

早穂さんは、私より1つ年上で、若くしてナショナルAチーム代表の上位ランクに位置し、目覚ましい活躍を見せていた。しかもそれにおごることなく、ことあるごとに格下の選手に声をかけてくれた。振り付けやポジショニングが覚えられずにいる私のことも気にかけてくれ、紙に図を描きながら細かなアドバイスを与えてくれた。

Aチームの選手には並外れた技術レベルが求められ、かかるプレッシャーも大きく、自己管理だけで一仕事だ。ましてや早穂さんはAチームの最年少で、何かと気を使うこともあっただろう。ふつうなら、自分のことだけで精一杯だったはずだ。私ものちにAチームに入ったが、そのときに早穂さんのすごさを再認識した。自分のやらなければならないことをすべてやりながら、さらに人のことを気にかけることが、どんなに大変なことなのか、このときの私は気づいていなかった。ただ感謝するばかりで、自分のパフォーマンスをいかに上げるかということで頭が一杯だった。

合宿のカリキュラムにはジャズダンスのレッスンもあった。ダンスは私が苦手としていたところで、履き慣れないバレエシューズで踊り続けていると足が痛んできて、だんだんと振り付けに遅れていくのがわかった。一方、関東や関西のクラブチームの選手たちは、シンクロも上位ランクぞろいだが、ダンスもうまかった。

「ふぅ！　今日の練習もハードだったよ、ママ。でも、がんばるからね！」

「がんばって、由美ちゃん！　家族みんなで応援してるからね！」

毎晩、電話で母の声を聞くだけでホッとした。

## 地獄のどん底へ

12月、赤羽にある国立スポーツ科学センターで、代表選考会は行われた。自分が何番目に演技したかはよく覚えていないが、立花美哉さんの次の順番だったことだけは、はっきりと覚えている。

立花さんといえば、小学生のとき、母と一緒にその演技を繰り返しビデオで見ては、スイミングスクールが終わったあとの自主練習で一生懸命に動きを真似したあこがれの人だ。１９９６年アトランタオリンピックでチーム銅メダル、２０００年シドニーオリンピックでチーム、デュエットともに銀メダルを獲得していた立花さんは、名実ともに日本のトップにいる選手だった。

そういう選手のすぐあとだ。吉と凶と出るか。もし、さほど見劣りしない演技ができれば、評価につながる。逆に、明らかに実力の差が目立ってしまえば、悪い印象が残る。私は前者を信じていた。

全選手が演技を終え、順位は口頭で発表された。
私の順位は、10番だった。
たった1つの差で、地獄のどん底に落とされた。
心がポキンと折れた。
天狗の鼻も、ポキンと折れた。

# 7

# さよなら、シンクロ！

## なんで落ちたの？

落ちた……。なんで？

審判やクラブピアのコーチは、13〜14位のあたりにいた私が10位まで順位を上げたことを喜んでくれ、

「よくがんばったね」

と、励ましてくれた。私はまだ若く、アテネは無理でも、北京を狙えばいいのだ、というようなことも言ってくれた。しかしせっかくのいたわりの言葉も、そのときの私には一切届かなかった。

「ママ、落ちた。なんで？　なんで落ちたの？」

電話口にすがって泣いた。

これまで、青春時代のすべてを注いできた、あの努力、あの苦労、あの時間は、いったいなんだったんだろう。

私がシンクロに夢中になったせいで、母には経済的にも体力的にも負担をかけた。いろんな心配もしてもらった。

あれはなんだったんだろう。

私のように好き放題に習い事もせず、母と過ごす時間も削られ、それでも私を応援し続けてくれた弟と妹。

あの犠牲はなんだったんだろう。

「夢ノート」には、

「アテネオリンピックに出場して、家族みんなの恩にこたえる！」

と書いたし、「未来日記」には、

「アテネオリンピックに出場を果たす。ママも茂樹も智子もみんなうれしそう」

と書いていた。

次に家に帰るときは、家族に最高の報告をし、抱擁を交わす予定だった。


選考会のあと、憔悴《しょうすい》しきって名古屋に戻った。家の扉を開くと、母は、

「おかえり、由美ちゃん」

と、静かに迎えてくれた。

「これまで、体重を増やせないから、ろくにおいしいもの食べられなかったよね。今夜は、焼き肉を食べに行こう」

その夜は、近所の店で焼き肉を食べた。おいしくもなんともない。「未来日記」で思い描いた祝宴の風景とは、まるで違っていた。

「オリンピックは一回こっきりじゃないんだよ、由美ちゃん。次の北京を目指せばいいじゃない」

母はそれしか言わなかった。実際、次に向かって歩き出すしかなかった。代表選手9人の中に入れなくても、ザ・クラブピア88のエースであることに変わりはない。高校以来ずっと私をかわいがってくれた鵜飼美保先生の信頼を裏切るような真似はしたくない。

「うん。練習は続けなくちゃね」

クラブに通う日々が、再び始まった。しかし、やっていることはそれまでと変わらないのに、心の拠り所を見失ったままだった。「夢ノート」に、

「北京オリンピックに出場する！」

とは、到底書けなかった。

2004年8月。アテネオリンピックが幕を開けた。出られなかったという思いもあり、正直まともにテレビを見る気になれなかった。母によれば、シンクロだけは食い入るように見て、テレビに向かって声援を送っていたというが、実際は心ここにあらずだったのだろう。自分にはそうした憶えがない。

## 強化合宿と教育実習

アテネ後は、シンクロ界の状況が大きく変わった。アテネに出場した選手の半数が引退し、私のランキングは全国5位あたりに上がった。1位は天使の原田早穂さんだ。そして、オリンピック終了直後の9月から、翌年のワールドカップに向けた強化合宿が始まった。

本来なら、北京オリンピック日本代表の有力候補となるべく、足場を固めるべき時期だった。しかし、ちょうどこの強化合宿と、愛知教育大学付属名古屋小学校での教育実習が重なった。

教育実習の期間は1か月。1週目は授業を見学して観察記録をつけ、2、3週目で教育指導案を作成し、4週目で研究授業を行い、最終的な教育指導案をファイルにまとめて実習校に提出して終了。そんなカリキュラムだ。

ところが、そもそも教育実習に備えた大学の講義をまともに受けていなかった。シンクロに時間と勢力を注いでいたためだ。しわ寄せは当然出てくる。観察記録や指導案の書き方がわからないうえ、土日は東京での強化合宿のハードな練習のあとで机に向かうので作業効率が悪い。担当クラスの子どもたちの背中に隠れながら、教室の後ろでやっつけ書類と格闘するというありさまだった。

実習がうまく進んでいないストレスは、日増しに募っていく。気ばかりが焦り、しかも睡眠不足でいつでも猛烈に眠い。精神的な安定と眠気覚ましのために私が走ったのが、暴食だ。

もともと私は、食べても食べても太らない体質だった。それが、高校2年生のとき、遅い生理が始まってからというもの、食べたぶんだけ立ちどころに体重に跳ね返る太りやすい体質に変わってしまった。

母は、野菜鍋を作ったり、こんにゃく料理を作ったり、なるべくカロリーの低い食事を心がけてくれていたが、それ以外でも何かしら食べていたので、あまり意味がなかった。空腹からくる食欲ではない。明らかにストレスからくる食欲で、常に食べ物を口に入れ、かみ続けていないと不安だった。

母は、あのころのことを悔やむ。

「シンクロと教育実習、どちらかをやめて少し楽になったらどうかと、なぜ言ってやれなかったか」

実際、オリンピックを目指すシンクロ選手の中には、大学を休学して競技一本に絞っている人もいた。私は、母に「やめたらいい」と言ってもらいたかった。

「ママ、シンクロと実習の両立はきつすぎる。実習を断念しようと思ってるんだけど……」

「大丈夫！　由美ちゃんならできるって！　ママはできるって信じてるよ！」

母は、そういって励ましてくれた。私は結局両立を続けた。

だが、そうした精神状態の中でまとめた教育指導案のファイルは案の定ミスだらけで、再提出を言い渡された。

## 中国ナショナルジュニアチームの指導に

さらに日本水泳連盟から、中国のナショナルジュニアチームの指導に行ってほしいと言われた。

正直、この時期の私にとっては、かなりきついオーダーだった。ただ、以前から私は、後輩に技術指導をするのがうまいといわれていた。

もともと身体能力が高くて天才肌の人は、たとえば、足をまっすぐ水面から突き上げた垂直姿勢で足の甲側に身体が倒れてしまっている選手に対し、「甲倒れになっている」としか言わない。身体がガタガタと揺れている選手には、「身体が揺れている」というアドバイスの仕方しかしない。そう言われてすぐに修正できない理由がわからないからだ。

私の場合は、

「かかとの後ろに壁があると思って、壁に体重をかけるイメージを持つと甲倒れが修正できる。そのときひじを前に出してかくと身体のバランスが取れるよ」

「足の間に定規をはさんで両側から締める感覚を忘れない。そうすると揺れがおさまるよ」

と、できるだけ細かく指示をする。自分が事故の後遺症に苦しみ、試行錯誤を重ねて技術を身につけてきたので、身体の使い方を言葉で説明できるのだ。そういうこともあったのだろう。コーチは、私が中国に行くことを強く望んだ。

結局、2週間の予定で行くことになった。悪いことに、出発日が教育実習のファイルの再提出日と重なった。本人による提出が必須だったので、ファイルを出すことはかなわなかった。さんざん苦労してシンクロとかけ持ちしたにもかかわらず、教育実習の単位のすべてを棒に振ってしまったということだ。

半ばやけっぱちの心境で中国の北京に渡り、およそ10人の選手を指導した。オリンピックの落選と教育実習の失敗を引きずっていた私は、イライラしてコーチにやつあたりをしてしまうことが多かった。全国ランクで上位に入っているという自負も、コーチとの円満な関係の邪魔をした。ずっと目をかけてきてもらった恩人に対する態度ではなかった。

中国の選手はみんな素直で真面目ないい子で、指導にはやり甲斐があった。選手たちは、自己犠牲の精神を尊び、国のために勝つことの重みを各自が自覚していた。ひたむきに練習に励む姿には心打たれるものがあった。体型の維持もぬかりがなく、豪華そのものだった合宿所の食事にもほんの少し箸をつけるだけ。彼女たちの自己管理能力を目の当たりにし、私は恥じ入るばかりだった。

しかしこのときは、のちに中国のシンクロナショナル代表チームの監督に日本の井村雅代氏が招かれ、4年後の北京オリンピックで中国チームが日本チームの成績を超え、表彰

## memory file

中国ナショナルジュニアチームの選手たちとの記念写真

民族衣装に身を包んで

台に上ることになろうとは、予想もしていなかった。

## 破って捨てた「夢ノート」

帰国後も、暴食の習慣はなかなかおさまらなかった。おさまらないストレスから、さらに暴食する。その繰り返しの中で、体重は増えていった。

そして、再び始まった強化合宿。その初日、日本代表のコーチから告げられた。

「今のあなたは合宿に臨める状態じゃありません。コンディションを整えていらっしゃい」

自分の肉体を顧みると、言い訳のしようがなかった。逃げるように赤羽の国立スポーツ科学センターをあとにし、泣きながら名古屋に帰った。

もういい。

自分の部屋に入り、ドアを閉めた途端、私の中で、パチンと何かが弾けた。

もうたくさんだ。

シンクロなど、やめてしまおう。

机に目をやると、「夢ノート」が置いてある。

「こんなの意味ない！　バカみたい！」

ビリビリに破いて捨ててやった。

心配した母が、ドア越しに話しかけてきたが、まともな対応などできなかった。

「由美ちゃん」

「ほっといて！」

「シンクロ、やめるなんて言わないで。北京を目指せばいいじゃない！」

「気休め言わないでよ！　そんなにシンクロが好きなら、自分でやれば！」

「由美ちゃん」

「……」

「由美ちゃん？」

「うるさい！　うるさい！　うるさい！」

この家では、もう暮らせないと思った。

母の愛が、このときの私には重すぎた。

家を出よう。

## 一人暮らし

学生の私がアパートを借りて一人暮らしをするためには、まとまったお金と保証人の署名がいる。すぐさま、助けとなってくれそうな人に電話をした。父だ。事情を聞いた父は、黙って協力してくれた。父方の祖母も私を心配し、冷蔵庫や洗濯機を買ってくれた。引越先が決まると荷物をまとめ、飼っていたゴールデンレトリバーのチュロを連れて家を出た。

意外にも、母は私を引き止めなかった。むしろ引越を手伝ってくれさえした。

「親にはどうにもできないことがある。誰かの力を借りようと思った。何より、この娘は大丈夫。きっといつか立ち直ると信じて、陰ながらサポートすることに決めたの」

ともに昔を振り返ると、母の冷静さに驚くばかりだ。母は、私がゴミ箱に破り捨てた「夢ノート」も、いつか「ありがとうございました」と書ける日がくると信じて、こっそり拾って保管していた。あとで見返したノートの中には、

「明日にはきっと晴れてるよ！」

などと、母の走り書きも見つかった。

当時の私には、そんな母を慮《おもんぱか》る余裕などない。

アパートの一室で目が覚めると、まずは冷蔵庫に首をつっこみ、買いだめしていた食料の袋を開ける。菓子パン、弁当、ジュース、ポテトチップス……。手当たり次第食べ物をひっつかみ、口に運んだ。

冷蔵庫が空っぽのときは、炊飯器を抱え、しゃもじでごはんをすくって口に押し込む。あっという間に3合をペロリだ。家の食べ物を一切食べ尽くしてハッと我に返ると、胃袋はスイカのように膨れている。

シンクロをやっていたら、自己嫌悪に陥っていたところだろう。しかし、シンクロなんてもうどうでもいい。ふて寝するだけだ。

体重はあっという間に80キロを越えた。

## ひきこもる人びと

「夢ノート」に一切書き込みをしない日々が続いていた。外出するのはチュロの散歩と食べ物の買い出しのときだけ。あとは、テレビを見たり、マンガを読んだりしてだらだらと過ごした。

ほぼひきこもりの生活だったとはいえ、昼間はいくらか気持ちが前向きになることもあって、そんなときは、母や妹の来訪にもどうにか玄関のドアを開くことができた。だが、夜になると、あれこれと余計なことを考えてしまい、わけもなく泣いたり、自分の髪の毛をむしったり、よくない状態に陥った。

ある日、弟の茂樹が大荷物を持ってやって来た。

「ねえちゃん、一人暮らし楽しそうだね。俺も住まわせて」

彼なりに何か思うところがあったに違いないが、あくまで自分の好奇心だという顔をして、一緒に住み始めた。以来、茂樹のぶんまでごはんを作ってやることになったが、今思えば、それがささやかな張り合いになっていたような気もする。

一方、私がひきこもり状態になっていたのと同じ時期、母が何をしていたかといえば、他人の子を家にあずかり、ひたすら尽くしていた。

学校生活になじめない子ども、グレて親とうまくコミュニケーションできない子ども、集中して勉強に没頭できる環境を求める子どもなど、あずかった人たちの事情はさまざまだった。

「子どもには、親の言うことをどうしても素直に聞き入れられない時期がある。親が大好きだからこそ、その裏返しの態度を取ってしまうこともある。そういうとき、親以外の他人がわが子の悩みを聞いてくれて、心の支えになってくれたらどんなに助かるか。まずは自分がそういう人になろう、頼れる他人のおばちゃんになろう、うちの子どもたちが、他人にしてもらえたらうれしいことをしてあげよう——」

そんなことを思っていたという。

うちに泊まっていたのは、トイレと食事以外は3日間も眠りっぱなしという子や、夜遅くに起きてきて、母を相手に人生の悩みや不平不満をひたすら訴え続ける子など、身のまわりの一切合切に気力を失い、まともな社会生活を送ることが難しい子たちばかりだった。なかには2年近く石黒家に住んだ子もいた。

子どもだけではなく、事業に失敗し、一家離散の危機に直面し、

「もう生きていく自信がない」

と訴えてきた大人も、母は心の傷が癒えるまで石黒家で住まわせた。

石黒家は3階建てで、1階は、40畳ほどの大広間になっている。ここは、近所の人が集まって語らったり、母が友人や泊まり客に食事をふるまったり、来客専用のスペースとなっていて、寝袋を持参して数日滞在していく人もいる。母は、ときには15人分以上の食事を作ることもあった。

わが家に寝泊りする人たちはみんな、私がオリンピックを目指し、その夢が叶わなかったことを知っていた。シンクロをやめ、社会と断絶して一人暮らしをしていることも。

「オリンピックを目指すほどの人は、才能があって、精神力もあって、誰もがうらやむような華々しい人生を送っていると思っていた。でも、苦労しているんだね」

「自分も、周囲に失望し、自分自身に失望し、つらい思いをしているけれど、由美子ちゃんほど努力したわけじゃない。由美子ちゃんに比べれば、むくわれなかったという思いはずっとましなほうかもしれない」

そんなことを母につぶやく人も多かったという。私の存在は、少なからず、彼、彼女たちの関心の対象になっていたようだ。

「もう生きていく自信がない」と母に訴えた人もそのひとりで、母の昔なじみであるその

おじさんは、数週間石黒家に滞在し、母の手料理を食べ、心と身体を休めたことで、生きる気力を取り戻していった。そうした中で、私に差し入れをしてくれたり、食事に連れ出してくれたり、いろいろと気にかけてくれるようになった。私も、シンクロに人生をかけていた自分を深く知らない人となら、ストレスを感じずに語らうことができる。

「事業に失敗したからって落ち込まないで。お金なんて、そのうち空から降ってくるよ」

などと、相手を励ます言葉さえ口をついて出てきたくらいだ。そんな自分に驚き、また、うれしくもあった。

そのおじさんは、その後金銭的に援助してくれる人に出会い、まさに空から降ってきたかのような幸運に恵まれ、一家離散の危機を逃れ、今は幸せに暮らしている。

石黒家で過ごしたほかの人たちも、母の愛情を受け、往来するさまざまな人たちの気配を感じる中で、心の傷をなぐさめ、少しずつ外に出られるようになり、やがて、アルバイトを始めたり、学校に通い始めたりできるようになり、社会へ戻っていった。のちに奨学金をもらってアメリカに留学した人や、会社経営者として成功した人もいる。

石黒家を出たあと、

「今度は友達の面倒を見てほしい」

と連れてくる人もいて、母は数えきれないほどの子どもたちを世話した。

## 女神のあきちゃん

それと呼応するように、私にも変化があった。きっかけをくれたのは、あきちゃんこと、矢尾《やお》明子さんだ。

あきちゃんは、近所に住む少し年上のお姉さんで、よく気が合い、10代半ばのころから一緒に遊んでいた。私がオリンピックを目指してどれだけ必死に頑張っていたかよく知っていただけに、落選のショックも察してくれ、アパートで一人暮らしをしていると聞きつけるとすぐに訪ねてくれた。

しかし、落ち込んでいる姿を見られたくなくて、最初のうちはよく居留守を使った。気持ちが落ち着いているときは、あきちゃんを部屋にあげて、持ってきてくれた差し入れを一緒に食べながら語らったりしたこともあったが、気分が乗らないときは、玄関の呼び鈴を平気で無視した。

それでもあきちゃんは、毎日のように足を運んでくれ、呼び鈴に応えがないと、ドアノブに差し入れのプリンやゼリーが入った紙袋をかけて帰っていくのだった。

そんなある日、インフルエンザにかかってしまった。運悪く、同じ時期、母もインフルエンザで寝込んでいた。ひどい熱で意識が朦朧《もうろう》とし、悪寒もおさまらない。猛烈に孤独に襲われて、あきちゃんにケータイメールを送った。

「インフルエンザにかかっちゃった。あきちゃん、来てくれる？」

あきちゃんは、私のSOSを受け取り、薬、水枕、氷嚢《ひょうのう》、体温計、水や食料を携え、すぐさまかけつけてくれた。そして、1週間にわたって看病をしてくれたのである。

女神だ……。

親身になって世話をしてくれるあきちゃんを病床から見上げ、本気でそう思った。居留守を使ったこともあきちゃんはわかっていたはずなのに、やさしさは何ひとつ変わらない。自分も、こういう人になりたい……。

オリンピックの代表に漏れて自暴自棄になり、自堕落な日々を送っていた私は、インフルエンザで一度死に、生まれ変わった。

あきちゃんみたいに、いつでも味方をしてくれる人に、自分がなろう。苦しんでいる人の力になれる人になろう。

大事なことも思い出した。

入院していた小学2年生のとき、暗く沈んだ病棟の雰囲気を変えたいと、患者さんたちに笑顔をふりまいたではないか。

「夢ノート」には、人の成功や幸せを祈って、いろんなことを書いていたではないか。

母や友達の夢や目標が叶い、

「ありがとうございました」

と書けることに、大きな喜びを感じていたではないか。

しかし、シンクロでオリンピックが狙える位置になってからというもの、「夢ノート」に書く内容は、自分のことばかりになっていた。

目の障害よりももっと深刻な、心の〝視野狭窄〟に陥っていたことに、ようやく気がついたのである。

視野を広げれば、きっと新しい景色が見えてくる。新しい未来が見えてくる。

まっさらな大学ノートを机に広げた。

「あきちゃんみたいな人になる！」

「夢ノート」を再開した。

# 8

# 「夢ノート」復活！

## ふつうの大学生に

２００５年4月、大学の新年度が始まった。

あきちゃんの支えがあったおかげで、大学に戻ろうという意志は固めていたが、社会生活への完全復帰にはもう少しリハビリ期間がほしかったので、最初の1週間は大学に行かなかった。

……と、1週間目の朝、玄関の呼び鈴が鳴った。ドアを開けると、大学の友人、白川綾乃と松下加代子が立っていた。二人は私の姿を見て、目を丸くした。無理もない。私は、80キロオーバーの巨体になっていた。おまけに、長かった髪を短く切り、金髪に染めていた。眉毛も剃ってしまっていて、なかった。どうしてそういう行為に出たのか、細かいことはよく覚えていないのだが、ヤケになって衝動的に自ら変身したことは間違いない。

綾乃と加代子と、もう一人の親友、山本晃代《あきよ》は、私がオリンピックの代表になれず、その後連絡をしても一切返事をしてこないことを心配しながら、立ち直るのをじっと待っていてくれた。そして、新年度になっても学校に現れないとなって、いよいよしびれを切らし、比較的家の近い二人が車で迎えに来てくれたのだった。

「待ってても大学に来ないから、迎えに来たよ。ほら、ちゃっちゃと準備して！」

私の味方はあきちゃんばかりでないことを思い知った。

親友たちに背中を押され、大学生活に復帰した。

シンクロをやめ、方向性の定まらない私を受け止めてくれたのが、村松常司《つねじ》教授だ。私の担当教授で、入学から卒業まで一貫して大学生活や進路を指導してくれる立場の人だ。

実は、私は入学早々ヘマをやって、大学から問題視されていた。単位の履修方法についてのオリエンテーションの場で、

「質問のある方はいますか？　わからないことがあれば、なんでも聞いてください」

と言われたのをいいことに、

「単位が取れなかった場合、どうなるんですか？」

という質問をぶつけてしまったのだ。真面目な学生が集まる愛知教育大学では、最も不謹慎《ふきんしん》な輩《やから》だ。シンクロでちょっとばかり実力があるからといって、大学の勉強をおろそかにするつもりか。これから真剣に学ぼうという人たちを前に、よくもそんなことが言えたものだと……。

たしかに大学に入った年は、アテネオリンピックの出場をかけた正念場で、大学生活に全神経を集中できるとは考えにくかった。ただ、単位が取れないという前提で次の方策を聞こうとする態度は、当然大顰蹙を買った。

「おまえ、新入生の中にひとり問題児がいるって、学内で有名だぞ。その担当教授に、なんで俺がなっちゃったかなぁ。まぁ、しゃぁないな、最後まで面倒見たるわぁ」

それが、村松教授との初対面だ。私は、この先生なら信頼してついていけると安堵した。実際、何かにつけて面倒を見てくれ、私が相談すると、ほかの教授の課題についても親身に指導してくれた。そのお礼ということでもないが、シンクロをやっていたときも、時間を見つけては村松教授の研究室に行き、掃除をしたり、来客にお茶を入れたりしていた。

「石黒はシンクロをやめたんだから、これからは教員になるためにがんばれよ」

新年度が始まったとき、村松教授はそう言って、ますます熱心に勉強を見てくれるようになった。

## 友達と「夢ノート」が支えた心

幽霊部員として所属していた水泳部にも復帰した。

ただ、迎える水泳部員の目は、決してあたたかいものではなかった。教師を目指す真面目な人たちが多いため、日々の練習態度や、部活への貢献を高く評価するムードがある。しかし、それまでの私ときたら、ふだんの練習にはちっとも顔を出さず、大会のときだけ出場して、ちゃっかりタイトルをさらっていくという、オイシイとこ取りの部員だった。

好ましからざる存在だったのは無理もない。

「おまえ、シンクロをやめたら何も残らない人間だっていうこと、わかっといたほうがいいぞ」

ついに、ある男子部員にこう言われ、ショックを受けた。まだ精神的に完全に立ち直っていたわけではなかったし、信じたくない事実を目の前につきつけられたような気がした。人間関係に加え、将来に不安を抱え、大学の勉強に不安を抱え、部活での風当たりに不安を抱え、あぶなっかしい私の精神状態を支えていたのは、「夢ノート」だ。「夢ノート」をつけているときは、未来のことしか考えない。後ろ向きの発想が入り込む余地がないので、これほど精神的に健全でいられるひとときはない。

小さな夢も、大きな夢も、同じページに書き記し、「緊急重要」「緊急」「重要」「その他」に振り分け、今日できることを確実に達成していく。

「おっくんが公認会計士に合格する！」

「けんちゃんが〇〇企業に採用される！」

「茂くん医大合格！」

「智子大学合格！」

大学に復帰して、私がしきりに書き込んだのは、家族や友達の夢の実現を願う内容で、ひとえに

「あきちゃんみたいな人になる！」

の一文が原動力になっていた。

人生にはつらいこと、苦しいことがいっぱいある。しかし、自分ひとりで悩んでいるときはなかなか乗り越えられないものだ。

「大丈夫だよ、私がついている。世界中が敵になっても、私だけが味方する」

そう言って、安心できる居場所を作ってくれる人がいるということが、どれだけ大切か、私は身をもって実感した。だから、友達の夢を一つひとつ叶えるために何をしたらいいかを毎朝ノートに向かって考え、会って悩みを聞いたり、電話をかけて励ましたり、応援するために四ツ葉のクローバーを見つけて送ったりした。

不思議なもので、自分の悩みについてはうまい具合に考えられないのに、人のことになると客観的に状況を眺めることができて、解決の手だてが明快に見えやすかった。

そしてまた不思議なことに、人の悩みを聞き、励ましているうちに自分自信も励まされ、自分の悩みにどう向き合えばいいのか思考の整理がついて、解決の糸口が見つかるのだった。以来、何か悩み事ができると、積極的に人と会い、人の話をひたすら聞くようにしている。

そうしていくうち、友達の数が少しずつ増えていった。絆も強固になっていった。また、うれしかったのは、「夢ノート」をつけ始めてまもなく、1か月先まで予定がびっちり埋まったことだ。今日明日の予定などは、分単位でやるべきことが見えて、大学の課題をはじめ、物事を効率的にこなしていくことができた。ついこの間まで家でダラダラと過ごしていたのが信じられないくらいだ。

部員たちとの潤滑剤《じゅんかつざい》になってくれた田中さやかの存在も大きかった。さやかは初等教育教員養成課程の同期で、私と同じように入学時から水泳部に所属していた。当初はそれほど目立った選手ではなかったが、部活のために一生懸命尽くし、練習態度もまじめそのもので、しだいに力をつけて部の主力選手に成長していった。そんな努力家のさやかは、私が傲慢だったころからやさしく接してくれ、シンクロをやめて毎日部活に通うようになってからは、何かにつけて気にかけてくれ、ときに愚痴や弱音を聞いてくれた。

私を支えてくれたのは、「夢ノート」ばかりでない。過去を振り返るにつけ、広い心を持って信頼してくれる人なくして前進はなかったとつくづく思う。

水泳部員としての行いもそれまでとは大きく変わった。チームへの貢献を考えて行動しているほかの部員たちのように、私も自分にできることを探した。部室の掃除をしたり、パンを焼いて差し入れしたり。そうしていくうちに周囲の私を見る目もやわらかくなり、会話が弾む機会が増えていった。

# たーくん、ありがとう！

まだ4月のうちから、毎朝5時半からの自主練習も始めた。大学の屋外プールの水温はこの時期18度ほどで、泳ぎまわっていないと、たちまち唇は青ざめ、手足がしびれてくる。まじめな部員が多い中でも、さすがにこの時期から泳いでいる人は、私以外には男性2人しかいなかった。

その1人が、たーくんこと、熊谷忠くんだ。たーくんは、1学年下の後輩で、人はいいのだが、ちょっとドジだった。数あるドジ談の中でも、全国大会の選手エントリーをミスした出来事は、部員の間で大顰蹙を買った。

おかげで全国大会のために猛練習を積み重ねてきた選手は大会に出ることができず、そのくせたーくん自身はちゃっかりエントリーできていたので、味方からあたたかい声援をもらえるはずもない。そのとき、私はなんだか放っておけなくて、ひとり声を張り上げて応援した。それにポーッときたのか、ある日、たーくんにつきあってほしいと告白された。

たーくんとつきあい始めた。私とたーくんは、どう見てもアンバランスなカップルだった。たーくんは、ひょろりとした長身。一方の私は、80キロを越える体格。おまけに毎日屋外で泳いでいるので、肌は真っ黒。髪はベリーショートで金色。泣く子も黙るパンチのきいた風貌だ。サイズの合う服は限られ、たいていは野球キャップにスウェットのパーカー、ダボダボのパンツ、スニーカー、リュックという、花の女子大生とは思えないファッション。クローゼットのほとんどがユニクロかライトオンのメンズで埋まっていた。

そんな私に彼は、

「ぽっちゃりしているところがかわいい」

と言ってくれた。

「でもさぁ、こんなに太っちゃって、やっぱまずいよ。痩せないとなぁ」

思いを察した彼は、自分がアルバイトをしていたスポーツクラブに私を入会させ、ダイエットプログラムを作成し、運動量、食事量、生活のリズムなどを記録し始めた。たーくんは無理強いするでもなく、一緒にジョギングや水泳に取り組み、

「やっぱり、由美子は基礎体力があるなぁ。男の俺とほとんどタイムが変わらないんだから」

などと、トレーニングに対する意欲を持続させてくれた。考えてみれば、男のたーくんにかなうわけがなかったはずで、ほどよく私の負けず嫌いの性格を刺激してくれていたのだろう。

彼のごく自然な誘導のおかげで、私としてみれば遊んでいる感覚だった。ジムや水泳以外でも、遊びに出かけたり、旅行したり。そうした日々を重ねる中で、少しずつ体重は落

ちていった。

## シンクロに戻ろう

シンクロをやめて1年半が経った。その間、ある思いが日に日に私の中で大きく膨らみ、やがて心のほとんどを占めるようになっていた。

あきちゃんを目指すようになって、だんだんとわかってきたことがある。自分のことしか考えられない生き方より、人のために誠意を尽くす生き方のほうがずっといいっていうことだ。人の喜びは、心を豊かにしてくれる。励ましてくれる。そして、人を喜ばせるために、自分は何ができるかと考えたとき、シンクロしかないと思った。

私は、小学2年生のときに交通事故に遭い、身体に障害を抱えた。そんな人でもアスリートとしてやっていけること、オリンピックを目指すまでになれることを、同じように身体に障害を抱えてがんばっている人たちや、その親御さんたちに見てもらいたい。勇気や希望を持ってもらいたい。また、辛抱強く私を支え続けてくれた家族や友達に、少しでも恩返しをしたい。その最高の形は、オリンピックへの出場を果たすことではないか。もしオリンピックに出場できたら、より多くの人に勇気を与えることができるのではないか。

そんなことを考え始めていたころ、ザ・クラブピア88の後輩、鈴木英里奈から連絡が入った。

「由美子さん、私、ナショナルAチーム代表に入りました！　7月に横浜で大会があるので、応援に来てください！」

英里奈はとても気の合う後輩で、ペアを組んでいたこともあった。シンクロに向かう真剣さと努力の姿勢をよく知っていたので、A代表入りのニュースは自分のことのようにうれしく、たーくんと一緒に大会にかけつけた。

大会は、FINAワールドカップ。晴れがましい国際大会の雰囲気を久々に味わい、気持ちが高ぶった。そしていよいよ英里奈が入場。日本国旗を手に大声援を送った。

私がクラブにいたときよりひとまわりもふたまわりも成長した英里奈は、見事チームで準優勝に輝いた。ほかの日本選手たちの活躍もまぶしかった。

自分が部屋にひきこもってふて寝している間に、彼女たちはどれだけ努力をしたことか。どれだけ厳しい練習に耐えてきたことか。私はなんで、ここで日本の国旗を持って座っているんだろう。観客席から遠巻きに眺めることしかできないんだろう。

みじめだった。シンクロの世界に猛烈に戻りたいと思った。

ただ、クラブをやめるころの私は、ずっとかわいがってくれた鵜飼先生に対し何かにつけて反抗し、どんな助言にもひどく捨て鉢な態度だった。長期のブランクもあって復帰したいと申し出るのは、「どのツラ下げて」という話だ。

オリンピックに出場して人々に勇気を与えたいという思い、どうやってクラブに復帰を切り出せばよいのかという思い。ふたつの間で揺れていた私に、突然手を差し伸べてくれる人が現れた。ほかでもない、ザ・クラブピア88の鵜飼先生だった。

「ジュニアオリンピックカップが名古屋で開催されることになったから、大会のスタッフとして手伝ってほしい。というか、もうスタッフ要員に入れてあるからね」

シンクロの全国大会は、通常、東京の辰巳国際水泳場か、大阪のなみはやドームのどちらかで行われ、名古屋での開催は異例のことだ。

一本の電話ののちは、あれよあれよと大会のサポートスタッフにかり出されることになった。そして大会当日、審判をされていたシンクロ委員会の2人の方から、

「石黒さん、シンクロの世界に戻ってこない？　あなたのように華のある子が必要なの」

と言われた。その審判の方は、鵜飼先生にも同じようなことを言ってくれたらしい。

オリンピックへの出場を再び夢見始めた私にとって、この偶然に運命的なものを感じずにはいられなかった。

プールを去ってから1年半。

私は決意した。

シンクロの世界へ、戻ろう！

# 9

## 目指せ、北京オリンピック！

## 復活への道のり

シンクロに関して、「夢ノート」にペンを走らせることは、長い間なかった。それどころか、アテネの落選後、破り捨てた「夢ノート」は1冊や2冊ではなかった。「夢ノート」は、シンクロにまつわる血と汗と涙の結晶であり、やつあたりの対象でしかなかったのだ。

まっさらな「夢ノート」を開き、太字のマーカーを手にする。

「北京オリンピックに出場する!!」

再び、ザ・クラブピア88の門をたたいた。シンクロ選手、石黒由美子の新たな挑戦が始まった。

覚悟をしていたものの、1年半のブランクを経てのトレーニングは、試合勘を取り戻すとか、そういう問題ではなかった。また、クラブでは次のオリンピック代表選手候補が着実に育っていた。しかも、私がプールを離れていた1年半の間に、競技技術は確実に進化し、難度が上がっていた。

たとえば、両手を挙げて水面に飛び出す技「ボディブースト」は、以前は脚の付け根が見えれば高いと評価されていたが、股下《またした》が完全に水面より上に飛び出て初めて高い！といえるようになっていた。両手を挙げたままで前進していく「両手エックビート」は、前は水面から肩くらいの高さまで出せばオーケーだったのが、胸のトップの高さまで出すのが当たり前になっていた。水面から脚をまっすぐ出す技「レッグブースト」は、水面からウエストくらいまでの高さまで出せばオーケーだったのが、胸下の高さまで出すのが当たり前になっていた。スピンの回転数も、4〜5回転から10〜15回転に増えていた。

エースクラスの子たちの技術レベルは、私がエースだったころとは比較にならないほど高く、復帰後しばらくはとてもついていけなかった。

しかし、なにせ私は北京オリンピックを目指していた。

3年後、2008年の北京オリンピックに出場するには、2007年の代表選手選考会に出なければならない。2007年代表選手選考会に出るには、選考会までの1年間で、全国13位以内に入っていなければならない。全国13位以内に入るには、2006年の前半で高いポイントを稼いでおかなければならない。2006年前半に高ポイントを獲得するには、日本選手権の予選を通過していなければならない。日本選手権の予選に通過するには……。

そんなふうに、北京オリンピックから逆算していくことで、おのずとクリアしなければならない目標が段階的に見えてくる。

その目標を「夢ノート」に記し、今日しなければならないことを明確にしていった。

「目標をきちんと紙に記すと、記さないときよりも達成率が高い」

「目標を文字にして明確化することは、成功への近道」といった話は、世の中に数ある成功本にもよく登場する内容だ。『金持ち父さん 貧乏父さん』（白根美保子訳・筑摩書房）の著者で知られるロバート・キヨサキも、目標を紙に記す重要性を説いていて、大いに共感した覚えがある。はからずも私は、「夢ノート」を通じて幼いころからそれを実感していた。また、ロバート・キヨサキは、「成功者の真似をしろ」ともいっている。私も、クラブで1番の実力を持つ選手のスキルを目が皿になるほど観察し、真似をした。そして、気づいたことはどんな小さなことも「夢ノート」に書き留めた。北京を目標に据えてからというもの、「夢ノート」と向き合う時間がより一層貴重なものになっていた。

もっとも、クラブのコーチや仲間は、私が再びオリンピックを目指し始めたとは露ほども思っていない。現役を退き、今度は趣味のひとつとして、それこそダイエット目的でやっているんだろう、というくらいの解釈でいたと思う。私もあえてオリンピックを目指しているとは口にしなかった。ただ、とにもかくにも、体重を落とすことが先決だった。シンクロのハードなトレーニングに耐えつつ体重を落とすというのはなかなか難しい。そこで、プロに頼ることにした。

大学の保健科目を担当していた身体組成、肥満研究の梶岡多恵子先生からは直接指導を受けた。さらにアスレチックトレーナー、リンパマッサージの先生など各分野のスペシャ

memory file

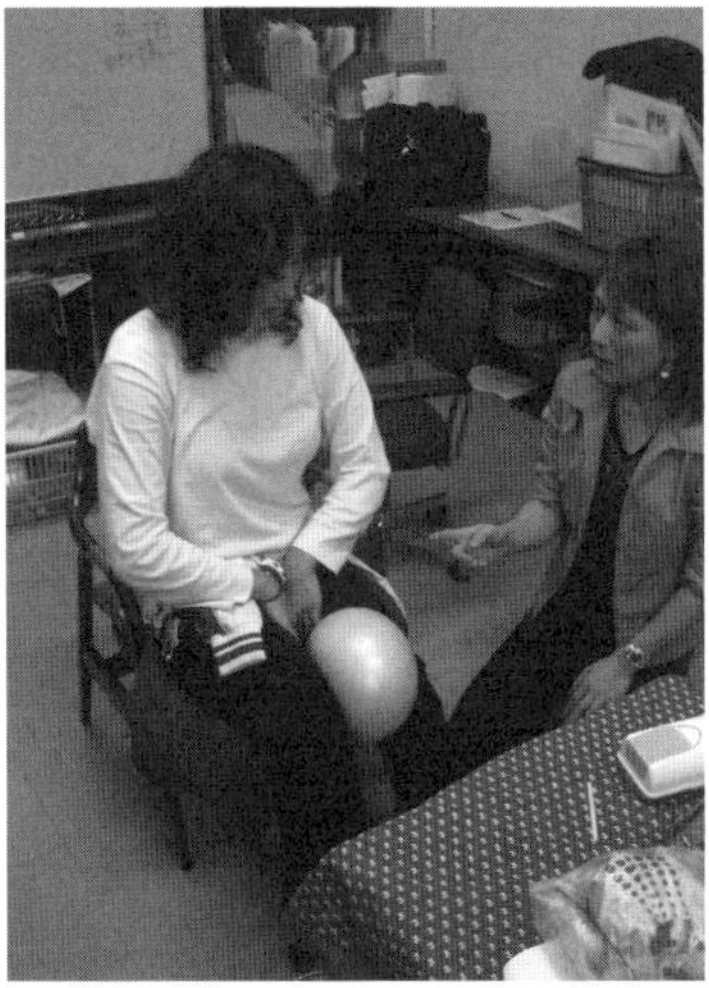

シンクロに復帰したころの私。保健分野のスペシャリスト、梶岡多恵子先生から、効率よく体脂肪を落としながら筋力をつける方法を学んだ

リストを紹介していただき、減量の方法を聞いてまわった。つきあってくれたのはたーくんで、私が話を聞いている様子をビデオにおさめ、一緒にビデオを見ながらトレーニングメニューやダイエットメニューを考えてくれた。

「夢ノート」には、

「やせてきれいになる！」

「目標体重55キロ！」

といった内容や、

「雑穀1食80グラムまで」

「低カロリー高タンパクの食品を摂取。アミノ酸の量は1日25～50グラム」

といった細かなことまで書いていた。おかげで一時期83キロあった体重は、54キロにまで落ちた。

たーくんとは、その後いろんなことがあって別れてしまったが、私のシンクロ復帰を支えてくれた母に次ぐ功労者で、今も感謝している。

## イエスマン由美子

鵜飼先生からしてみれば、私は途中で一度逃げ出した人間。選手として何ひとつ期待していなかったと思う。それでいて煙たがるでもなく、自由にのびのびと練習させてくれたおかげで、気持ち的にはとても楽だった。年齢も比較的上のほうだったので、エースクラスの選手に対しても気兼ねする必要がなかった。

オリンピックに向けた厳しい指導をコーチに望むことはできず、レベルの高い選手たちと切磋琢磨《せっさたくま》できなくても、私は幸せだった。

シンクロに向かう気持ちが、大きく変化したといえる。代表の９人に入りたいという思いは同じだが、アテネを目指していたときは、自分の栄光のため、喜びのためという思いが強かったぶん、技術的な壁、人間関係の壁、いろんな困難にぶつかったとき、常に孤独だった。しかしもはや、母、弟、妹、あきちゃん、友達、いろんな人たちが私に味方しているると感じられるし、ハンディキャップを背負って生きている人たちにメッセージを届けるという、自分に課したミッションがある。

このミッションがあるがゆえに、努力しなければならない量も、ぶつかる壁の量も、アテネを目指していたときよりもはるかに多かったが、耐えることができたのだと思う。

また、以前は、「自分、自分」で、納得のいかないことがあると、コーチやチームメートに主張して改善を求めたりしたが、復帰後は、自分の意見と反することでもすべて受け入れ、「イエスマン」を心がけるようになった。

アテネを目指しているときは、

「このタイミングで、このポジションに移動していなければならない」

などとコーチに言われ、それが物理的に難しいと思えたりすると、すかさず私は、

「コーチが上から見ている以上に水中での動きはハードです。そのポジションになるには
これだけの時間が必要で、今の振り付けでは無理です」

と、反論していた。

コーチの返事はたいてい、

「無理という問題ではない。やりなさい」

の一言なので、お互いにどんどん不機嫌になって、しまいにはふてくされて口もきかな
いような状態になることもあった。しかし、誰だって自分の主張を否定されたらいい気持
ちはしない。まずは受け入れることで相手の反感は避けられるし、黙々と「イエスマン」

を遂行することで、やがて信頼されるようになっていく。

復帰後もコーチに同じような指摘をされたが、対立することはなかった。

「このタイミングで、このポジションに移動していなければならない」

そう言われたら、無理だと思ってもひとまず反論を呑み込んだ。そして、

「そのポジションに移動しなければならない理由として、コーチにとって何が一番大事な
ことなのですか?」

と、コーチの思いをくみ取るように努めた。そうすると、

「そのポジションで、曲のこの音とピッタリはまると見栄えがする」

ということがわかって、

「だったら、この動きをコンパクトにして、このタイミングで絶対にこのポジションに移動できるようにしたらどうでしょう？」

と、違う答え方ができるようになった。

手本となってくれたのは、言わずもがな、母だ。母は、私がどんなに無理なことを主張しても、文句ひとつ言わず呑み込んでくれた。私の態度に右往左往することなく、やがて私が自分で解決法を見つけるまで、気長に待っていてくれた。そんな母だから、私は全幅の信頼を寄せることができるのだ。

実際、クラブのコーチやシンクロの仲間たちの信頼関係は、復帰後のほうがずっと強固になった。私の練習態度も、アテネを目指していたときとは変化した。なんでも率先して行動し、後輩に先んじて練習や雑務に取り組んだ。

このころの「夢ノート」には、

「時計の分針になる！」

という走り書きがある。クラブの仲間が時針だとしたら、私は分針になろうという思いだった。自分が何に対しても積極的に動いていれば、後輩も「自分も」と巻き込まれてくれる。分針の自分が60動けば、時針も大きく1つ前に進んでくれると。そうした心持ちでいる中で、確実に後輩との絆は深まっていった。

復帰直後の私は、中学生に技術指導をしたり、かなり若手の選手とデュエットやチームを組んだりと、選手兼指導者という立場にいたが、やがてそうした若い後輩とともに日本選手権で表彰台に上れるまでになった。

後輩から個人的な悩みを相談されることも増えていった。ときには家に泊めて話を聞いたこともあった。そして、後輩がどんな夢を抱いているのかを聞いては「夢ノート」に記し、彼女たちの目標達成のために自分に何ができるかを書き加えていた。

## お尻パックリ事件

尊敬できる先輩もいた。デュエットを組んだこともある松村亜矢子さんだ。亜矢子さんは、私がクラブに復帰後一番の目標とし、ストーカーのようにつきまとってスキルを学ばせてもらった。亜矢子さんは技術が高いだけでなく、肝も座っていた。

亜矢子さんとデュエットを組んだある大会の本番直前。試合の前、私はいつも入念な準備運動をする。飛んだり跳ねたり、イカれたダンサーのようにパタパタと暴れながら身体をほぐす姿は、クラブの仲間たちの間でもちょっとした名物だった。それをやっていると、ブチッと嫌な音が背後で鳴った。首をひねって水着を確認すると、なんと、お尻の縫い目がパックリと裂けていた。

「ぎゃぁ〜！」

「な、なにごと⁉」

「亜矢子さん！　大変！　お尻の部分が破れちゃった！」

「大丈夫大丈夫！　お尻に力入れて閉めておけば、わかりゃしないって！」

「は、は、はいぃ〜！」

結局、お尻がパックリと裂けた状態のまま演技をした。水着の不手際は初歩的なケアレスミスで、ペアの相手にそうした失態をされたら怒りたくもなるはずだが、ありがたいことに亜矢子さんは動揺を一切見せず、どーんと受け止めてくれた。

後輩とも、水着がらみの思い出がある。鈴木英里奈とペアで大会に出場したときに、「ポロリ」をしてしまった。ホルダーネック風の、見るからに脱げやすいデザインで、プールサイドから飛び込んだ途端にバストが水着からはみ出てしまった。

「しまった！　でも、直してる余裕がない〜！」

ひとたび水の中に入ると、秒単位で手足を動かし、姿勢とポジションを決めていかなければならないので、水着をグイッとやるほんの一瞬でも演技に支障をきたしてしまう。かといってポロリを衆目にさらすわけにもいかず、どうにかこうにか水着におさめて演技を続けた。

memory file

デュエットを組んで多くの大会に出場した松村亜矢子
さん（右）と

「ごめん！　私、水着が合わなくてポロリやっちゃって、序盤少し乱れちゃった！」

プールサイドから退場するなり謝ると、

「えっ？　由美子さんも？　実は、私もやっちゃって！」

二人で顔を見合わせ、ブッと吹き出してしまった。

試合の水着は、相変わらず母のお手製だった。新しいコスチュームが決まるたび、生地を買い、ミシンをかけ、スパンコールをチクチクと縫い付けてくれる。母は独学で水着の縫い方を会得し、腕を上げた。糸の結び目や縫いしろが皮膚のストレスにならないよう丁寧に布を当ててくれたりと、ちょっとの刺激でも肌が荒れやすい私にとって、細やかな配慮はとてもうれしかった。私の競技生活で着た母の手づくり水着は、トータル70着以上にも及ぶ。

だが、母が作った水着は、丈夫さに関しては大いに不安が残った。チビでガリだった小学生時代の水着と、全国大会に出場する大人用の水着とでは、求められる質も違ってくる。できることならプロが作った水着を着たかったが、一着ウン十万円はかかってしまうので、外注したのは唯一オリンピックのときだけだった。

とはいえ、徹夜徹夜で縫ってくれたことは、今でも感謝している。おかげで先輩や後輩と忘れがたい笑い話を共有することもできたわけだ。

## ナショナルBチームに復帰

シンクロと学業を両立させる日々が始まったとき、私は一人暮らしも終わらせ、家に戻っていた。教育実習との両立に失敗し、暴食に走ったことを横で見ていた母は、二度とそういう状況にすまいと、全面的にフォローしてくれた。

課題や論文の資料集めをはじめ、講義の履修に関することも、大学の事務室に赴き、手続きしてくれた。何度も事務室に足を運ぶもので、すっかり事務員の人たちと顔なじみになり、事務員の人が母の代わりに書類を作成してくれることもあったという。そのおかげで、大学は5年をかけて無事卒業し、愛知教育大学大学院に進んだ。

親身に勉強を見てくれた村松教授は、大学卒業後の進路について、教員採用試験を受けるようにと勧めてくれていた。私がシンクロに復帰したことは知っていたが、1年以上ものブランクをおいてオリンピック代表になれるとは考えにくかったのだろう。村松教授はかつて柔道選手だった方で、スポーツの世界の厳しさをよく知っている。だからこそ、現実的な道を示してくださった。私もその気持ちがありがたかっただけに、大見得を切って

「オリンピックを目指しています！」

と言うことができず、もう少し学びたいことがあるからと、大学院進学を決めた。

# memory file

卒業記念謝恩会で。
上：愛知教育大学で私の担任教授だった村松常司先生。柔道の選手だったので、ブランクの後の復帰の難しさをよく理解していた
下：学部時代のゼミの先生、スポーツ心理学の筒井清次郎教授。「オリンピックを狙えるのは今しかない」と、シンクロの活動を後押ししてくださった

実のところ、大学院に入るころには、私のシンクロ技術はナショナル代表レベルにまで上がってきていた。北京オリンピックから逆算して目標を設定し、「夢ノート」に書いては実行に移してきたことが、形となり始めていた。

そして、大学院に入った2007年の7月、ナショナルBチーム代表としてスイスオープンに出場。結果は、ソロ優勝、チーム優勝、コンビネーション優勝。これは特別うれしかった。というのも、スイスオープンは、2002年にデュエット3位、チーム優勝、コンビネーション優勝、2003年にチーム優勝、コンビネーション優勝を果たしていたが、このときは、「日本」というブランドに対する世界的な評価が揺るぎないもので、どんな演技をしようともメダルが転がり込んでくるという自信があった。

だが、2007年の段階では、中国代表チームの台頭もあり、以前のように日本ブランドに頼ることはできないという意識が、コーチにも選手の間にもあった。しかも、2002年、2003年のときはチームの中でも年下で、先輩についていけばいいという安心感があったが、2007年のときは、私がチームリーダーとして後輩を束ねていかなければならない立場に置かれていた。だからこそ、優勝を「勝ち取った」という印象が強く、北京オリンピックの代表選手選考会を目前に控えたこの時期にそういう意識が持てたことは、とても大きかった。

# memory file

ソロ・チーム・コンビネーションで優勝を飾った2007年のスイスオープンでは、クロージング・パーティに浴衣で参加して好評だった。小林祐加子（中央）と柴田亜耶（右）と一緒に

## 北京オリンピック代表に

２００７年12月。いよいよ北京オリンピックの日本代表選手選考会が始まった。前回の選考会では、オリンピックチームに選ばれてもある意味、

「石黒なら、可能性はなくはない」

という位置にいた。当時は、多くのオリンピック選手を輩出しているほかのクラブから、私のスキルがどの程度なのか、偵察がやって来たりもした。それと比べて、北京の選考会では誰からも注目されず、鵜飼先生ですら、若手のエースに全神経を集中していた。

アテネと比べ、全体の技術レベルの向上は顕著だったが、さらに選手の身長規定も上がっていた。アテネのときは１６３センチだったのが、北京の代表選手は１６５センチと規定され、1センチのマイナスにつき、ポイントが1点減点される。演技で０・１の差を争うなか、1点の減点はあまりに大きい。

「身長が１６５センチ以上になりますように」

１６４センチだった私は、当然のごとく「夢ノート」にそう書いた。1点の減点は、10位以下のランキングにいる私にとっては致命的だ。少しでも伸びるようにと、毎日公園で鉄棒にぶら下がったりもした。

memory file

シンクロに復帰！　北京オリンピックに向けて多くの大会に出場し、少しずつ技術を高め演技の勘を取り戻していった

また、代表選考会で用いられる身長計測器と同じものが大学の保健室にあると知り、これを借りて身長を測る練習をした。体の動きが安定しないと頭上に計測板が降りてこない精巧な器械なのでズルはできないが、高い数値が出る姿勢を研究した。測定の前夜も、合宿所の近くの公園で鉄棒に30分ほどぶら下がり、部屋に戻るとなるべく体に重力がかからないようにすぐにベッドに横になった。

いよいよ本番となり、計測器に乗った結果は166センチ。目標の165センチよりもさらに1センチ伸びていて、自分でも驚いた。

選考会に臨んだ選手は全部で15人。うち、ザ・クラブピア88からは、松村亜矢子さん、鈴木英里奈、双子の木村真野《まや》・紗野《さや》姉妹、私の5人が出ていた。

会場はピリピリとした空気が張りつめ、精神的に追いつめられて泣き出す選手もいた。審査の段取りはアテネとまったく同じだったが、アテネと比べて誰からも期待されない気楽さもあって、気持ちはとても落ち着いていた。

選考会の結果発表は、プールサイドで行われる。アテネのときと同じように口頭で次々と順位が告げられていった。

私の順位は8位だった。オリンピック代表選手枠9人のうちの1人に選ばれたのだ。

8位と告げられたとき、全身がカーッと熱くなった。喜びで胸がいっぱいになった。心底うれしかった。

ただ、そうした感情に包まれたのはほんの一瞬で、歓喜のガッツポーズを取る気にはとてもなれなかった。後輩の鈴木英里奈、木村真野・紗野姉妹が落ちてしまっていた。実力でいえば、3人のほうが私よりランキングは上で、英里奈はナショナルAチーム代表として数々の世界大会に出場していた。私よりもポイントが伸びなかった大きな理由に、身長減点があった。

3人に恥じない実力をつけなければならない。もっと高みを目指さなければならない。もっと、もっと、もっと——。

## 地獄の強化合宿

2008年1月、いよいよオリンピック代表選手として初めての強化合宿が始まった。8月までの期間中は、月に4、5日家に帰れればいいほうで、選手たちは、赤羽にある国立スポーツ科学センターをはじめ、静岡、韓国、グアムなど各地で合宿を張り、寝起きをともにする。

最初に目にした練習風景は、本当に自分が同じ世界でやってきたのかと目を疑うほど、まさにニューワールドだった。竜宮城にやって来た浦島太郎の心境がわかるような気がした。とにかく、ほかのメンバーのレベルがめちゃくちゃ高い。わかっているつもりだったたが、過去にブランクもあった私の目には、ケタ違いに映った。

アテネのときと同じように、北京オリンピック代表の有力候補選手は、すでに前年の10月からオリンピックに向けた振り付けで練習を開始している。スキルの差は歴然だ。

監督、コーチの指導の仕方もおそろしいほど的確で、子どものころからずっと続けてきたシンクロだが、この合宿期間ほど自分の成長を感じ取れたことはない。もっとも、代表候補に選ばれたとはいえ私は補欠要員で、実践的な練習を積んできたレギュラーメンバーといきなり一緒の土俵に上がることはできなかった。もし一緒に泳がせても、振り付けは間違える、隣の人との距離感覚がつかめずにぶつかる、厄介者になることが目に見えている。

結局、コースロープで仕切られた一角で、ひとり練習することになった。しかし、個人練習が長引くほど、スキルの差は開いてしまう。隣で演技する人との距離感覚というのは、いくらレギュラーメンバーの練習を観察してイメージトレーニングをしようとも、容易につかめるものではない。チームへの合流が遅れれば遅れるほど、輪を乱してしまう可能性が高まるのだ。私は、少しでもプールに長く入って練習した。

シンクロ選手の1日は、分単位でスケジュールが決まっており、まるで軍隊のように規則正しい。

6：00起床、6：20体操、6：55食事、7：30プールに移動、7：35器械セッティング、

7：45体操のち練習開始、12：30昼食、13：45練習再開、18：00練習終了、18：30夕食、19：30ウエイトトレーニング、21：00〜22：00個人練習、22：30入浴、23：00〜23：30就寝

といった具合だ。私は昼の休憩時間をも惜しみ、昼食は30分ですませていた。演技の練習の合間には、ウエイトトレーニング、スイミング、メイクレッスンなどもこなした。

技術的なレベル向上ばかりでなく、振り付け、フォーメーションの一切合切を覚えることも大きな課題だった。まさに一切合切なのである。もしもレギュラーで固定のポジションを持っていたなら、自分のポジションの振り付けだけ覚えればいい。だが、私は補欠なので、8人チームのどのポジションに入れられるかわからない。したがって、8通りの振りを覚えなければならない。オリンピックの演目は、テクニカルルーティンとフリールーティンの2種類あるので、つまり、トータル8×2＝16通りの振りを覚えなければならないことになる。

そのうえ、1曲3〜5分にわたる演目には、多種多様な振り付けが盛り込まれ、フォーメーションは目まぐるしく変わる。「夢ノート」は、振り付けとフォーメーションの図で埋め尽くされた。振り付けが変わったときは、軽いパニックだ。頭が混乱して、思うように動けなくなる。

コーチはそれを決して見逃さない。激しい檄《げき》が飛んでくる。

「やる気がないならプールから出ていきなさい！」

一番怒られた選手は私だったと自信を持っていえる。そんなことに自信を持ってどうすると、さらなる檄が飛んできそうだが、まぎれもない事実だ。

自分で自分のミスに気づけないこともあった。注意されて修正しているつもりが、実はまったく直せていない。まわりのレベルが高いので、修正の次元もきわめて高度で、どこがどう間違っているのか、身体で気づくことができない。身体で自分のミスに気づけないということは、直しも曖昧《あいまい》になってしまうということだ。これは大問題だった。

ほかの選手は、怒られることはあっても怯えたような人はいなかった。シンプルに練習やトレーニングに集中していた。だが、私には常に恐怖心がつきまとった。失敗したくない、いつ外されるかわからないと、いつもドキドキして不安だった。涙をこぼさないように気をつけていた。

ほかのメンバーとの遅れを取り戻すには、昼と夜の個人練習でがんばるしかない。しかも、より実のある個人練習にするためは、コーチにつきあってもらう必要があった。日中の練習でうまくやれなかったときのコーチの対応は容赦ない。

「個人練習を見ていただけますか？」

「今日、あなた、途中で手を抜いてたでしょう。そんな人の練習なんか見たくありません」

うっ！　やっぱり見られてたんだ！　その日はまさに、振り付けが変わってすっかり混乱してしまい、ところどころ投げやりになっていた。トップレベルの指導者たちの目はごまかせない。そういうときは、スゴスゴと引き下がり、ひとり練習するしかないのである。

## 精鋭集団の中で

5月、ようやくチームに入って練習ができるようになって3週間ほど経っていた。いつもの通り、チームの練習をしていたとき、ひとりの選手がほかの選手と接触して骨折した。その日の夜、コーチに呼び出された。

「あなたはもっと技術レベルを磨かなければならない。ほかの選手たちは、あなたがちゃんとやってくれるという確信が持てず、それが原因で本来の動きができなくなってしまっている」

反論のしようがなかった。チームメートのケガの遠因が自分だと思うとショックだった。チームメートになぐさめてもらおうとか、そんな図々しいこともできなかった。私こそ、心配のタネだったのだから。

合宿には、真の精鋭たちが集まっている。私は、中学、高校と、大会で優勝を果たしたりしているトップアスリートが、シンクロの世界から去っていくのをたくさん見てきた。国内である程度評価され、燃え尽きてしまった人。別の興味が生まれ、あっさりシンクロ

# dream note

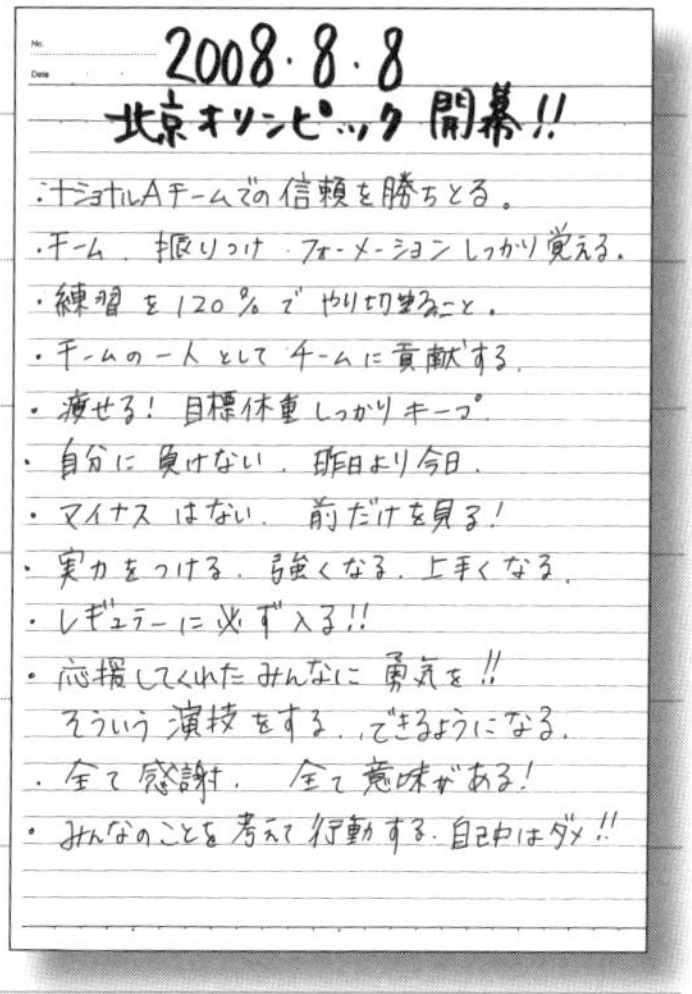
2008.8.8
北京オリンピック開幕!!
・ナショナルAチームでの信頼を勝ちとる。
・チーム、振りつけ、フォーメーションしっかり覚える。
・練習を120%でやり切ること。
・チームの一人としてチームに貢献する。
・痩せる! 目標体重しっかりキープ。
・自分に負けない。昨日より今日。
・マイナスはない。前だけを見る!
・実力をつける。強くなる。上手くなる。
・レギュラーに必ず入る!!
・応援してくれたみんなに勇気を!!
そういう演技をする。できるようになる。
・全て感謝。全て意味がある!
・みんなのことを考えて行動する。自己中はダメ!!

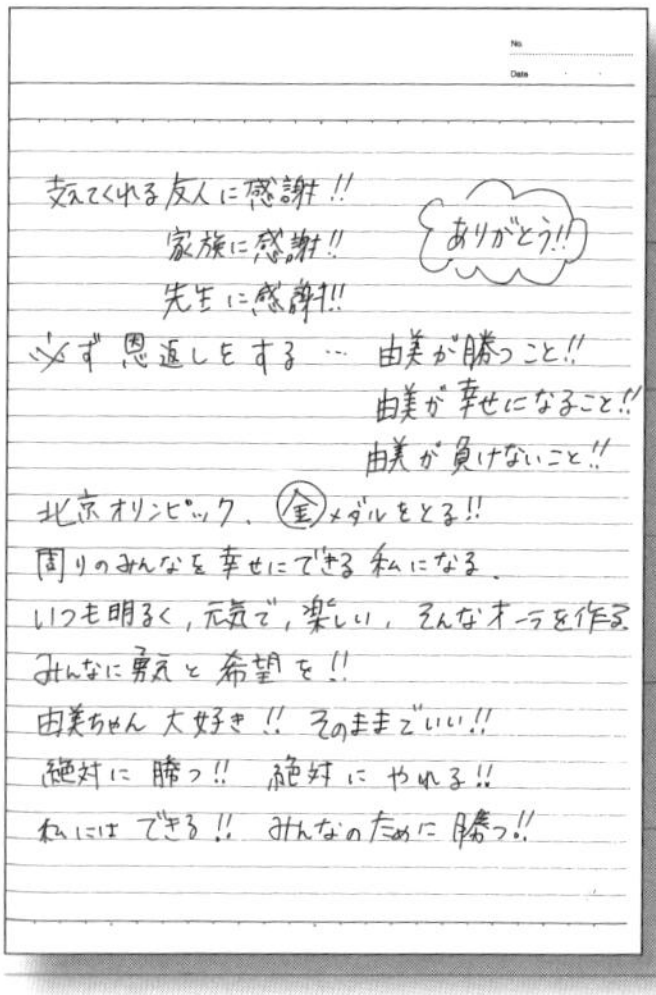
支えてくれる友人に感謝!!
家族に感謝!!
先生に感謝!!
ありがとう!!
必ず恩返しをする…由美が勝つこと!!
由美が幸せになること!!
由美が負けないこと!!
北京オリンピック、金メダルをとる!!
周りのみんなを幸せにできる私になる。
いつも明るく、元気で、楽しい、そんなオーラを作る。
みんなに勇気と希望を!!
由美ちゃん大好き!! そのままでいい!!
絶対に勝つ!! 絶対にやれる!!
私にはできる!! みんなのために勝つ!!

オリンピック代表合宿に参加していたころの「夢ノート」。力強い言葉で折れそうになる自分の心を必死に鼓舞していた

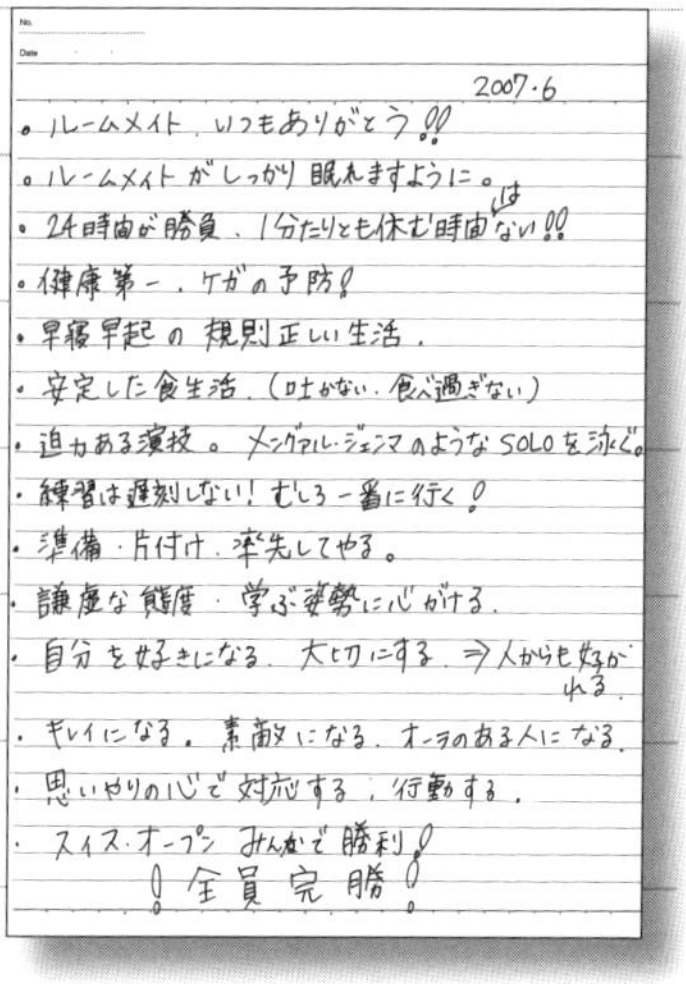
2007.6
。ルームメイト、いつもありがとう!!
。ルームメイトがしっかり眠れますように。
・24時間が勝負。1分たりとも休む時間はない!!
・健康第一、ケガの予防!
・早寝早起の規則正しい生活。
・安定した食生活。(吐かない、食べ過ぎない)
・迫力ある演技。メングワル・ジェンマのようなSOLOを泳ぐ。
・練習は遅刻しない! むしろ一番に行く!
・準備・片付け、率先してやる。
・謙虚な態度・学ぶ姿勢に心がける。
・自分を好きになる。大切にする。⇒人からも好かれる。
・キレイになる。素敵になる。オーラのある人になる。
・思いやりの心で対応する。行動する。
・スイス・オープン みんなで勝利!
!全員完勝!

と決別できてしまった人。厳しい練習に耐えきれず、逃げ出してしまった人。

代表選手に残った人たちは、ざるの目からこぼれ落ちていった人たちを尻目に、指導者に目をかけられ、技術を磨いてきた。だが、そればかりでは決してない。さまざまな誘惑や試練に打ち勝っていく意志の強さを持ち、何よりオリンピックにかける思いはハンパじゃない。それに関しては誰にも負けないと思っていたが、合宿に入ってチームメートの執念を目にし、たじろぐほどだった。

努力しない人などひとりもいなかった。目前には、オリンピックという一世一代の舞台が控えている。神経はマックスに張りつめ、自分のベストを保つので精一杯なのだ。

シンクロのルーティンに必要なのは、チームワークよりも個人のスキルだ。むろん、リフトなどは、お互いの体に触れ、支え、助ける。でも、その相互関係を成り立たせているのは個人の力量で、

「心が通じていれば大丈夫、励まし合い、高め合っていこうぜ」

という精神論は通用しない。指導者の懸念は、全体の統一美のために突出したスキルの選手の演技レベルを落とさなければならないことだ。選手は、隣で泳いでいる人を、技術を競い合うライバルと思うぐらいでちょうどいい。隣の人がちょっとでも自分より高く飛び上がっていたら、次はそれよりも高く飛び上がってやろうとか、隣の人がちょっとでも自分より体のキレがよかったら、次はもっとキレよく動いてやろう、とか。そうやってお

互いに意識することによって全体のレベルが上がっていく。

「迷惑をかけず、隣の人よりもうまく」

というのが、私の大命題だった。そんな具合なので、コーチに叱られて落ち込んだときも、技術がなかなか進歩しなくて悩んでいるときも、チームメートに愚痴る気にはとてもなれなかった。

はけ口は、母だった。電話やメールで毎日連絡を取り、1日の出来事をつぶさに報告しては、ため息をついた。

「そうなんだ、大変だね」

「あんまり気にしないほうがいいわよ」

「明日がんばればいいじゃない」

「それだけでも、よかったじゃない」

「応援してるからね」

大したことを言ってくれるわけではなかったが、共感してくれるだけで心がなぐさめられた。

## 7年後に叶った夢

そんなある日、すてきな出来事があった。

「由美、美容師のCHIKAさんて知ってる？」

東京の友人に突然聞かれた。

「知ってるもなにも、高校のときにものすごくあこがれて、髪を切ってもらいたいと思ってた人だよ」

私は、高校のときに「夢ノート」に書いた内容を思い出していた。

「CHIKAさんに髪を切ってもらう」

CHIKAさんというのは、高校3年生のときにテレビや雑誌でさかんに取り上げられていたカリスマ美容師で、あこがれの人だった。美容師に髪を切ってもらうだけならたやすいことのように思えるが、東京の青山のお店で働くCHIKAさんは顧客に引っ張りだこで、芸能人にも多くの顧客を抱え、予約を取りつけるのは至難の業だった。実際私も電話で店に問い合わせをしたが、1年先まで予約がいっぱいという返事だった。万一予約が取れたとしても、現実問題、高校生の私には叶わぬ夢だった。東京まで行くお金も時間もなかったのだから。

CHIKAさんに髪を切ってもらうという夢への情熱は、いつしか薄れていった。ところが、7年経って、久しぶりにCHIKAさんの名前を聞いた。

「実は私、CHIKAさんに担当してもらってるんだ」

「へぇ！　だからいつもオシャレな髪型なんだね。うらやましい！」

「でさ、ＣＨＩＫＡさんが由美の髪を切りたいって言ってるんだよ」

「……ウソ!?　なんで!?」

「シンクロでオリンピックを目指してがんばっている友達がいるって話をしたら、『ぜひ切らせてほしい。いつでも時間を作ると伝えてくれ』って言われたの」

すっかり忘れていた夢だったくせに、私は驚喜し、確信した。「夢ノート」に書いたことは必ず叶う！　些末《さまつ》なことかもしれないが、何年も経ってからの夢の実現は、私を大いに勇気づけた。高い目標がなかなかクリアできず、悶々《もんもん》と悩むことが多かった中でのＣＨＩＫＡさんの一件は、強烈なモチベーションになった。

夢をあきらめない！　そう思える、小さくて大きな出来事だった。

## 北京の教え子の声援

厳しい状況に身を置く中での私の救いは、友松由美子コーチだった。テクニカルルーティンのチームを担当していたコーチで、遅れをとっている私のスキルアップに徹底的につきあってくれた。

技術的な一番の悩みといえば、スピンの回転スピードが上がらないことだった。しかし、どうしたらスピードが上がるかわからず、途方にくれていた。ほかの選手がスピンをしている映像を何度も見て、水中でどのような動きをしているのか確認しようとするのだが、自分と同じようにやっているようにしか見えず、微妙な差異を見つけるには、いかんせん動きが速すぎる。

シンクロの世界は、

「技術は教えてもらうものじゃない。盗んで学べ」

という、ある種、職人や料理人の世界に似ている。そのため、ふつうのコーチは、

「遅い！　もっと速く！」

と一喝《いっかつ》はするが、具体的にどうすれば速く回転できるのか、指導はしてくれない。そのレベルの指導は論外で、もっとハイレベルの指導をしなければ、オリンピックのメダルには手が届かないからだ。ところが、由美子コーチだけは、私の動きを分析してくれて、私にあった練習方法を開発してくれた。

おかげで、1月に強化合宿に召集されたときは大幅に立ち遅れていた回転スピードも、4月に北京で開かれたプレオリンピックのころにはほかの選手と変わらぬレベルまで追いつき、補欠要員からレギュラーへと移ることができた。

ただ、そのプレオリンピック大会の本番10分前に、レギュラーのはずだった私が補欠として登録されているというエントリーミスが発覚し、結局、本来補欠であった選手が出場

することになった。オリンピック本大会の会場、北京国家水泳センター、通称「水立方《ウォーターキューブ》」で本番さながらに演技できる絶好の機会だっただけに、さすがにショックは大きかった。日本からは、わざわざ鵜飼先生や英里奈や、その他にも友人が応援にかけつけてくれていた。

気持ちのやり場のないまま、私はプールをあとにした。あとで聞いた話では、日本のチームが登場すると、観客席で、

「ヨウメイ！　ヨウメイ！　ヨウメイ！」

というコールが起こったそうだ。「ヨウメイ」とは、「由美子」を意味する中国語の発音で、声の主は、私がかつて中国に渡って技術指導をした、中国ナショナルチームの選手たちだった。エントリーに石黒由美子と名前が入っているのに、登場したチームに私の顔がないことに気づいた彼女たちが、大声で名前を叫んでくれたのだ。

その話を聞いたときは、胸がつまり、涙が頬をつたった。アテネに落選したのち、教育実習と並行してハードな合宿生活を送る中、コーチから指示された北京行き。心身ともにボロボロだった私には、正直、重荷以外の何ものでもなかった。それでも、小学校のときに掃除を手抜きできなかったと同じように、花の世話を怠けることができなかったように、指導にあたった。

指導した選手たちは、その後、多くのオリンピック選手を育てた井村雅代氏をヘッドコ

ーチに迎え、表彰台を狙える位置までメキメキと実力を上げていった。

指導にあたってから4年後のプレオリンピック大会で中国選手たちとの絆を確認するとは、夢にも思わなかった。

少なからず心をなぐさめられ、また次の大会に向けてがんばろうと気持ちを切り替えることができた私だったが、その矢先、さらにショックな出来事があった。由美子コーチが退任されてしまったのだ。なんとしても残ってほしかったが、それは叶わなかった。その後の私は、とてもまずい状態が続いた。技術がほかの選手に追いついてきたという自信は揺らぎ、それでも最高のパフォーマンスを見せなければならないとの焦りばかりが募った。

## 摂食障害

さらにプレッシャーとなったのが、体重のキープだった。目標体重よりも1、2キロオーバーしたまま、いっこうに減らない。食べる量をコントロールすればいいだけの話だが、ストレスもあって、どうしてもそれができない。

贅肉でプルプルと震えるシンクロ選手の肉体など誰も見たくない。そんなことは百も承知なので、なおさら体型の維持に神経をとがらせる。その思いが裏目に出てしまった。ストレスはたまる一方で食べずにはいられない。多めに食べてしまったときは自己嫌悪に陥り、ノドに指をつっこんで吐いた。下剤も飲んでいた。

合宿の合間に家に帰ったときも暴食はおさまらず、大皿に山盛りのチャーハンやパスタを口に押し込んだ。

「見ていて気持ちが悪くなるほどの量を食べていた」

と母は振り返るが、私を責めたりはしなかった。現実を受け入れ、心の安全地帯を確保してやることに努めた。「食べてはいけない」は禁句で、そう言われるとますますストレスが募り、自分を追い込んでしまうのではないかと考えたのだという。

そう、このとき、私は間違いなく、摂食障害に陥っていたのだ。

「やせる、食べない、のりと水で過ごす」

「過食症、根こそぎ絶つ！」

「安定した食生活！　吐かない、食べ過ぎない！」

「夢ノート」からも、相当追いつめられている様子が読み取れる。心身の崩れの原因はやはり、オリンピックという特別な状況下にいたからだろう。日の丸を背負い、国の代表として世界と戦う責任の重さを痛感する毎日だった。周囲の期待が、ほかの世界大会とは比べものにならないのだ。だからこそ、私のメッセージをより多くの人に届けることもできる。なんとしても届けなければ！　その強い思いが、プレッシャーに押しつぶされそうな私をかろうじて支えていた。

# 今のままでいい

「いっちゃん、テレビ見たよ！　お疲れさま！」
「すごい演技だった！　目が離せなかったよ！」
「もうすぐオリンピックだね。楽しみにしてるからね！」

5月に開かれた日本選手権が終わった直後、ケータイにたくさんのメールが届いた。日本選手権では、テクニカルルーティン、フリールーティンの両方にレギュラー出場することができ、それがテレビで生放送されたのである。とはいえ、レギュラーの座は安定せず、レギュラーと補欠をせわしなく行き来していた。摂食障害も相変わらずだった。

このままではいけない。応援してくれるみんなのためにも、体重が減らせないストレスに打ち勝たなければならない。

私は、カウンセリングを受けることにした。思いあたる人がいた。母の先輩のご主人が東京で心療内科や精神科のクリニックを開いていて、名医として評判だった。「オボクリニック」の於保哲外《おぼてつがい》院長だ。

合宿の合間に取れる時間は限られている。母経由で多忙な於保院長に時間を作ってもらい、体重が減らない悩みを打ち明け、助けを求めた。

於保先生は、以前から私を応援してくださり、アテネオリンピック代表選考会に落選して突如シンクロをやめた際には、新幹線で名古屋にかけつけてくれたほどだ。その於保先生が、こう言うのである。

「今のままでいいんじゃない？」

即効性のある対策を聞けると期待していた私は面食らった。

「え？　今のままって……」

「うん、今のままでいいんじゃない？」

「いや、先生、今のままじゃまずいんです。オリンピックまでのわずかな期間で目標体重に持っていきたいんです」

「今のままでいいよ」

初診のときは、そう繰り返す先生の真意がまったく理解できなかった。でも何か心がじんわり潤った気がして、時間をひねり出しては先生のもとに足を運んだ。先生とはいろんな会話を交わしたが、診療内容は終始「今のままでいい」だった。なんとも不思議だったのは、数回のカウンセリングを経て体重がスッと落ちたことだ。

あらためて思う。カウンセリングを重ねる中で、自分を認め、自分を大切にできるようになっていた。弱さ、愚かさ、醜さ。そういったものこそ、受け入れてやれるのは自分しかいないのではないか。それらをはね除けられないプレッシャーに苛《さいな》まれるのではなく、ありのままの自分を愛おしむことで見えてくる光明もあるのだ。

## オリンピック本戦出場が決定！

いよいよオリンピックを1か月後に控えた7月、強化合宿も終盤を迎えた。オリンピックの本戦に出られるかどうかの発表は、この時期にされた。

コーチに呼び出されたのは、発表前日のことだった。

「あなたをオリンピックの舞台で泳がせてあげたいと私は思う。メンバー全員を泳がせてあげたいと思うのは、コーチとして当然のことでしょう。私たちは負けられない戦いをしに北京に行くの。勝たなきゃいけない。そのために由美子はきちんと日本代表としての義務を果たすことができる？　あなたの今の実力じゃ到底足りない。ラスト1か月もない。死に物狂いで練習しなきゃ全然間に合わない。間に合うかどうかは由美子次第。由美子にまずその意思があるのかどうか、私は確認しておきたいの」

私は、

「はい。がんばります！　やります！」

と訴えた。

「そう、わかった」

言葉は少なかったが、やさしさが身にしみた。あのころの私は、毎日どこのポジションに入るのか、はたまた入れるのかどうかもわからない状況で、練習をし続け、心は折れる寸前か、いやもうほとんど折れていた。きっと、コーチは、そういう私の心を見抜いていた。私の心に決心がないことを察していて、それでもチャンスをくれようとしたんだと思う。コーチとの誓いを果たしたい。なんとしても果たしたい。

翌日――。

9人の代表メンバーのうち、7人の選手がテクニカルルーティン、フリールーティンの両方に出場し、残りの2人のうち1人がテクニカルルーティンのみ、もう1人がフリールーティンのみに出場することが発表された。

私は残りの2人のうちの1人で、テクニカルルーティンのメンバーに入っていた。名前が読み上げられたときは、身の引き締まる思いだった。周囲の足を引っ張ってはいけない、迷惑をかけてはいけない。精鋭集団の中で揉まれるなか、自分のスキルの至らなさを痛切に感じていただけに、浮かれている場合ではなかった。

ただ、北京オリンピックの出場をずっと信じ続けてくれた人には喜んでほしかった。真っ先に報告の電話を入れたのは、もちろん母だ。

「入った！　ママ、レギュラーに入ったよ！」

「おめでとう！　ほんとにおめでとう！　よくやったね、由美ちゃん！」

おまけに次に言うことがふるっていた。

「決まったとはいえ、油断しないでさらに励まないとね。本戦でいい成績をおさめるには、決まってうれしいだけじゃダメだもんね」

いつになく、ピリッとするエールが返ってきた。

望むところだ。摂食障害に負けてなどいられない。力強く演技する姿を多くの人に見てもらおう。身体に障害を抱え、つらい思いをしている人、彼らを支えている家族たちに見てもらおう。

私は、取り憑《つ》かれたように練習に励んだ。ようやくレギュラーポジションも決まり、自分の振り付けを一心不乱に身体にたたきこんだ。

強化合宿の全行程を終え、名古屋の家に戻ったときの私は、まさに何かに取り憑かれているような、ただならぬ雰囲気をまとっていたと、母は振り返る。

アテネオリンピックを目指していたときは、

「自分、自分、自分を完成させる！」

ということにしか思いが至らなかった私が、北京のときは、もっとパブリックなことに思いをはせているように見えたという。たしかに、公的な意識が私を前進させていた。それを強く自覚したのは、オリンピック直前の韓国合宿でのことだった。

韓国合宿では、ハードな練習の合間にささやかなフリータイムが設けられた。多くの選手がデューティーフリーショッピングにいそしむなか、私は町中をひたすら散策し、人々と交流した。韓国語は挨拶程度しか知らなかったので、自分の名前と写真と、ちょっとしたプロフィールが入ったカードを何枚も作り、仲良くなった人たちに配った。

一見ただの日本人観光客の私が、

「シンクロのオリンピックの代表選手で、その合宿で韓国に来ている」

と伝えると、みんな目を輝かせた。私の顔を覚えようとしてくれた。このとき言葉を交わした人の中には、のちに手紙を送ってくれた人や、韓国のりを送ってくれた人までいる。オリンピックという肩書きは、世界規模で通用する。当たり前のことかもしれないが、自分の肌で感じることができたのは大きかった。私の中で、オリンピックへの出場はもはや、社会にメッセージを発信していくうえでの名刺代わりという位置づけになっていた。

## 涙、涙の壮行会

北京に発つ直前、愛知教育大学の学長賞を授与されることになった。母も呼ばれ、学長室で賞状を受け取った。

「これから少し、時間がありますか?」

学長に言われ、体育館に案内された。体育館は数百人の人でひしめいていた。水泳部の

## memory file

壮行会。みんなが私のオリンピック出場を喜んでくれ、多くの人たちと記念写真を撮った

私に知られないように壮行会を企画してくれた有志の人たちと記念撮影。一生忘れられない貴重な１枚

いざ北京へ！　名古屋駅で母との記念の１枚。母の存在なくしてオリンピック出場はなかった

仲間をはじめとする在校生や卒業生の有志が集い、オリンピックに出場する私のために壮行会を催してくれたのである。そしてみんなで、ゆずの「栄光の架橋」を歌ってくれた。しかも間奏のところで、20名ほどいた大学院の同期たちが次々と、

「由美子、がんばれ！」

「応援してるよ！」

などと、声を張り上げて激励のメッセージを送ってくれた。

もう、号泣だった。母の顔も、涙でびしょびしょだった。こんなに応援してくれる人がいたなんて……。

2000羽もの千羽鶴と、OBの寄せ書きがされた布も贈呈された。千羽鶴には、1羽1羽にコメントが書かれていた。寄せ書きは、1枚の布を北海道から沖縄まで、郵便や宅配便でバトンリレーしてくれ、集めてくれたものだと聞いて、また涙があふれた。

もし、アテネオリンピックに出場できていたとしたら、これほどの声援を受けることができただろうか。いや、できなかっただろう。

アテネに落選し、天狗の鼻がぽっきり折れ、こっぴどく打ちのめされたからこそ、学業に励み、部活動に励み、愛知教育大学の学生として本来あるべき姿を追い求めることができた。その日々があったからこそ、あたたかい声援を得られたのだ。

# 10

## 夢のオリンピック

## 感動の開会式

2008年8月8日、北京オリンピックが開幕した。開会式の会場は、北京国家体育場、通称「鳥の巣」。開会式についてはコーチたちから、

「式は長時間かかるので、案外体力的にきつい」

ということを言われていた。競技に集中するため、開会式を欠席するアスリートも多い。でも私は、小さいころから何度も何度も「夢ノート」に書き、家の壁やトイレのドアに貼り紙をしてきた

「オリンピックに出場する!」

という夢が叶ったことを、自分の目でたしかめたかった。

いよいよ始まった開会式。

巨大なLEDスクリーンの映像絵巻や、活版印刷をイメージした人力のパフォーマンス、さまざまな民族舞踊、ワイヤーアクションなど、映画監督チャン・イーモウ氏演出によるアトラクションは、日本の視聴者も生中継で大いに楽しんだことだろう。

アトラクションは3時間に及び、その間立ちっぱなしで待機だ。ほかの国の選手の中には床にしゃがんだり寝そべったりしている人も大勢いたが、日本の選手団にそういう人は

なく、さすがに礼儀正しい。ものすごい人の熱気と、会場に設置された無数のライトの熱さでゆだりそうになりながら3時間を過ごし、いよいよ選手の入場が始まった。

日本選手団の一員としてグラウンドに立ったときの感動は、想像をはるかに越えるものだった。立ちっぱなしの疲れなど一気に吹き飛んだ。

鳥の巣の観客スタンドは、360度、どこを見てもはるか上の高さまで人で埋まっている。それぞれが手にライトを掲げているので、無数のホタルに囲まれているような幻想的な光景だった。厳しい訓練を乗り越え、出場を果たした各国の選手たちの表情もキラキラと輝いていた。自信と達成感に満ちあふれ、美しかった。

自分でも驚くほど、私は緊張していなかった。本番までの数か月、とことんストイックに自分を追いつめて練習を重ねてきただけに、腹をくくっていた。

「もうこれ以上あがきようがないっしょ」

小さなつぶやきは、人々の歓声にかき消された。

選手村も楽しかった。分刻みのスケジュールは選手村でも変わらずで、ほかの競技の選手との交流はそれほどなかったものの、食堂に行くと各国のアスリートが行き交い、その雰囲気を味わうだけでも幸せだった。有名な選手を見つけるたび、オリンピックという大舞台にやって来られたのだという喜びをかみしめた。

## memory file

開会式が行われる「鳥の巣」を背景に

メイクもバッチリ、おめめもパッチリ

開会式。小2のときに誓った夢が実現したことを実感した感動の瞬間

## 人生最高の演技を！

テクニカルルーティンの競技が開かれたのは8月22日。奇しくもその日は、母の誕生日だった。

交通事故で瀕死の重傷を負って運ばれた病院のベッドで「夢ノート」に綴った夢を、ついに叶える瞬間が迫ってきた。

晴れ渡る夏空の下、選手村からバスで移動し、北京国家水泳センター「水立方」に入った。

「ノーミス、ノーミス、ノーミス」

心の中で繰り返しつぶやいていた。このときは、チームメートに迷惑をかけてはいけないという思いだけだった。一方で、かつてないほどチームの団結力を感じていた。オリンピックを最後に引退すると決めている選手もいて、

「ラスト1回！　最高の演技をするんだ！」

という思いを共有していた。

出場するからには金メダルをねらいたいところだが、現実的にターゲットとしていたのは銅メダルだった。金メダル候補はロシア、銀メダル候補はスペイン、新興勢力として注

目されていたのが中国だ。

いよいよ自分たちの出番となり、プールサイドに足を踏み入れたときに聞こえた歓声は、今も忘れない。観客数の多さはそれまで出たどんな大きな大会とも比べられない規模で、これがオリンピックという唯一無二の舞台なのかと圧倒される思いだった。私たちに向けられる声援も絶え間なく、どれだけ力になったかしれない。

競技中は、ただただ自分の演技に集中していたので、詳細を思い出すことは難しい。結果は、テクニカルルーティン4位、フリールーティン5位、総合成績5位。

ずっとオリンピックの表彰台に上ってきた日本代表チームが、初めてメダルを逃すという事態となった。メダルが獲れないということは、まったくの想定外だった。あるいは、まったくの想定外だと信じたいだけだったかもしれない。やはり、中国勢の台頭が大きかった。中国ナショナル代表選手のうち4人は、私がかつて指導した選手だった。

信じられない結果に、コーチ、選手ともに言葉を失った。波瀾万丈の私の人生においても、これほどショックだった出来事はないと断言できる。メダルを逃した事実を振り返るのは、今もとてもつらい。大きなトラウマとなって、私の心に重くのしかかっている。期待してくれた人たち、応援してくれた人たち、これまで私を指導してくれた方々、いろんな人に申し訳ないという気持ちでいっぱいだった。

ただ、思いがけない一件で、「夢ノート」に書いていた、

## memory file

北京オリンピック、テクニカルルーティンの演技が終わり観衆に手を振る。すべての力を出し切った瞬間（毎日新聞社提供）

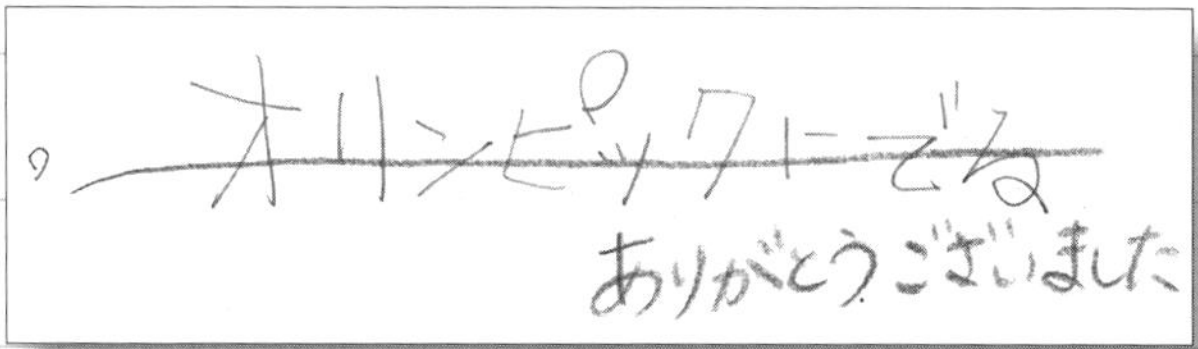
オリンピックにでる
ありがとうございました

# 後遺症克服 笑顔の舞

## 交通事故で540針 シンクロ・石黒

## 「苦しむ人に勇気を」

22日のシンクロナイズド・スイミングのテクニカルルーティン(TR)で4位に入った日本チーム。水中で舞う8人の中に、交通事故の後遺症を抱えながら競技に打ち込んできた選手の姿があった。石黒由美子(24)。緊張で音楽が聞こえづらかったというが、力強い演技は仲間と息が合っていた。

豊かな表情で演じ切った石黒は「全力でいくという意気込みを前面に出した」とすがすがしい表情で語った。

事故に遭ったのは名古屋市内の小学2年だった91年10月3日。止まっていた母和美さん(52)の車に、暴走車が突っ込んできた。石黒は手足を骨折し、顔面を540針縫った。

リハビリを兼ねて翌92年にシンクロを始めた。女優宮沢りえさん主演のシンクロのドラマを繰り返し見た。アキレス腱《けん》を切ってバレリーナの夢を断念し、シンクロに懸命に励む主人公の姿に自分を重ねた。

顔面まひ、網膜剥離《はくり》、難聴……。みんなのように体が動かないので、離れたところでぽつんと練習していた。

母にも忘れられない思いがある。娘の小学校に授業参観に訪れた時だ。

「おーい、フランケン」

娘をこう呼んだ同級生に詰め寄ろうと思った瞬間、「なーに」と娘は明るく答えた。「本当に強くて明るくて素直な子。事故の恨み言も一切言わない。元気なのが救いだった」と母は振り返る。石黒は壮行会など人前に出る時は、今も笑みを絶やさない。

競技のシンクロはみるみる成績を伸ばした。小学校高学年の部で全国5位。07年夏、スイスオープンのソロで優勝した。年末になって初めて日本代表に加わった。「誰も私が入るとは思わなかったでしょう」。ここでも会心の笑みを見せた。

後遺症はほとんどなくなったが、今も左目は完全には閉じない。石黒は言う。

「こんな私でも五輪に出ることが出来る。これからも障害者や苦しんでいる人に勇気を与えることをしていきたい」

雄姿は、この日誕生日を迎えた母ら家族が見守る日本へ、そして世界へ発信された。　（内海亮）

チームTRに出場した石黒由美子（中央）＝中田徹撮影

2008年8月23日付『朝日新聞』の記事。これまで私が進んできた道は間違いがなかったと実感できた

「ハンディキャップを背負って生きている人たちにメッセージを届ける！」

ということができた。テクニカルルーティンが開かれた同日、陸上の4×100メートルリレーで、朝原宣治《のぶはる》選手をはじめ男子選手4人が銅メダルを獲得していた。そして、翌日の全国紙に、そのニュースが掲載され、隣に並んで、

「後遺症克服　笑顔の舞」

と、私に関する記事がカラーで取り上げられたのだ。

メダルが獲れなかったにもかかわらず、前向きな記事を載せてもらい、本当にありがたかった。記事を見て、勇気や希望を持ってくれる人がいるかもしれないと思うと、メダルを逃して意気消沈していた自分自身が励まされた。母と二人三脚のシンクロ人生は、ここに結実したといえるかもしれない。

私をずっと支え続けてくれた母に寄せる思いは、「感謝」の2文字しか浮かばない。メダルを持って帰ってやることはできなかったが、これからの人生で精一杯恩返ししていきたいと思っている。

## 本を出すという「夢」

オリンピックは、人生の目標ではなく通過点にすぎないと、今あらためて感じている。

私は、北京オリンピックのあと、神戸大学大学院の博士課程に入学し、並行して小学校の非常勤講師を勤めている。大学院では、いじめの研究をしている。そもそも小学校の非常勤講師を勤めるようになったのも、実地の経験が研究に不可欠だと思ったからだ。

子どもたちとともに過ごし、社会人としてさまざまなことを学ぶ中で、「夢ノート」に何度も何度もある言葉が登場するようになった。「世界平和」だ。なんと大げさな、と思われるかもしれないが、世界という舞台に立って、つくづく感じたのだ。社会も、国も、世界も、そのおおもととなっているのは個人一人ひとりで、個人が変われば、社会が変わる、国が変わる、世界が変わる。

私が理想とする世界というのは、子どもも大人もお互いに人を思いやり、人を傷つけまいと努力し、人に尽くそうとする、そんな世界だ。私にできることは、自分が人を思いやり、人を傷つけまいと努力し、人に尽くすこと。だから最近は、「夢ノート」に家族や友達の幸せを祈る内容ばかりを書いている。

また、オリンピック出場という名刺を手に、ハンディキャップを抱える人たち、その親御さんたちに、勇気と希望を届けるメッセンジャーになりたいと思う。

オリンピックが始まる一月《ひとつき》ほど前、私は「夢ノート」にこんなことを書いていた。

「自分の体験を本にする」

オリンピックが終わってからも、多くのイベントが目白押し。
愛知県警名東警察署では「一日署長」を務めた

神戸大学大学院の入学式で。親友になった田邊真衣子(右)と
小杉由美加と

今その夢は、現実のものになった。

交通事故の後遺症を抱えた私でも、オリンピックという大舞台に立つことができた。私がこれまで歩んできた道のりを知ってもらうことで、人生も捨てたもんじゃないなとか、夢に向かってがんばってみようとか、自分を信じてみようとか、わずかな可能性にもかけてみようとか、なんでもいいから前向きな気持ちになってもらえたらうれしい。そんな思いで綴ったのがこの本だ。

そして何より、「夢ノート」のあなどれない効用を知ってほしかった。私にとって「夢ノート」は、自分の正直な気持ちを書く場所。ナルシスト、エゴイスト、オプティミストの要素満載であっても、それは本心。「夢ノート」に向き合っている時間は、いつも素直でいられる。

自身の限界にどう挑戦していくか。

人間関係の悩みをどう解決するか。

目標にどうアプローチしていくか。

社会にいかに貢献していくか。

自分の正直な気持ちを毎日確認することで、きっと見えてくるものがある。

# 「夢ノート」のすすめ

## 見なきゃ叶わない

最後に、私なりの「夢ノート」の書き方を、整理して紹介しておきたい。

私は、大学院の研究のかたわら、さまざまな企業、機関、学校から招かれ、講演会を開く機会も多い。そうした場で、私と同じように身体に障害を抱える人、いじめにあって悩んでいる人、将来に不安を抱えている人、夢に破れた人、いろんな人に出会い、悩みを打ち明けられることがある。そんなときはいつも、「夢ノート」をつけることをすすめている。

もちろん、「夢ノート」に書いてもなかなか解決しないことはある。私自身、何度となく挫折し、「夢ノート」を破り捨ててきた。ただ、買わなきゃ当たらない宝くじと一緒で、夢も見なきゃ叶わない。ひとまずノートに夢を書き記してみることだ。

## 「夢ノート」をすすめたい人

○夢に向かってがんばっている人
○社会のために役立ちたいと考えている人

○無駄な時間を省きたい人
○物忘れしやすい人
○目標が見つからない人
○将来が不安で仕方がない人
○効率的に物事が進んでいかない人
○計画を立てるのが苦手な人
○無気力で、日々なんとなく過ごしてしまっている人
○ネガティブ思考の人
○学校や会社で人間関係に悩んでいる人
○家族との関係に悩んでいる人

**「夢ノート」を書くときのポイント**

○ノートは大学ノートタイプがおすすめ
　薄くもなく、厚くもなく、適度なスパンで紙幅が尽きるので、1冊の密度は濃いわりに、たびたび新しいノートに切り替わり、心機一転できる。
○基本は黒ペン。達成時に赤ペンを使う

夢や目標は黒字で書く。叶った内容は、赤線で消し、「ありがとうございました」と書き添える。
○パソコンやワープロはなるべく使わない
字を通して、夢を抱いて書いたときの高揚感を思い出すことができる。また、何度も書くことで思いの強さを確認できる。
○書くのは朝
朝起きたら、ノートを最初のページから読み直してから、今日の夢を書く。まず読み直すことで、夢見る自分との対話が楽しめる。
○大きい夢も、小さな目標も、同じページに書く
その日のうちにやりたいことから、長期的な目標、壮大な夢まで、自由に書き入れる。このとき、次ページのように座標軸を引き、「緊急重要」「緊急」「重要」「その他」にそれぞれ振り分けると、視覚的によりわかりやすくなる。
○未来のことだけ書く
日記ではないので、過去のことは一切書かない。
○夢の実現のために何が必要かも補足する
夢を叶えるために、どんな努力をすればいいのか、誰に協力をあおげばいいのか、どんな物を用意すればいいのか、どのくらいの時間をみたほうがいいのか、

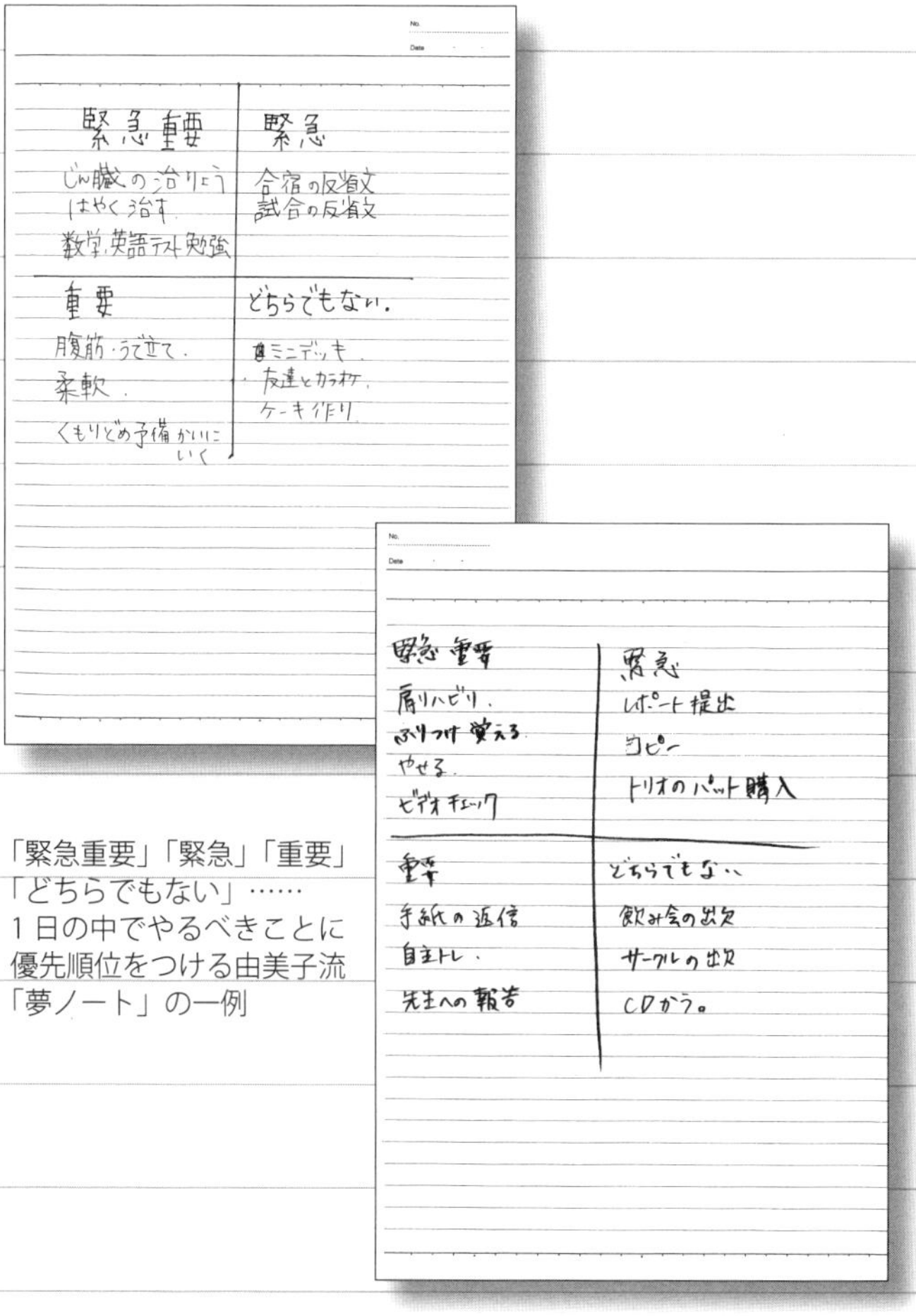


「緊急重要」「緊急」「重要」
「どちらでもない」……
１日の中でやるべきことに
優先順位をつける由美子流
「夢ノート」の一例

どんな行動をとればいいのか、といったことを、夢の周辺に箇条書きにする。
○家族や友達の夢も書く
家族や友達の夢を叶えるために、自分にできることもあわせて書く。
○相手の変化を望む内容は書かない
誰かが自分のために何かをしてほしいという願望は書かない。うまくいかない相手でも長所を見るようにし、むしろ自分がその人のためにどうすればいいのか、自分のアプローチの仕方をどう変えればいいのか、を書き記す。
○強く叶えたいと願っている夢、叶うまでに時間のかかりそうな夢は、ポスター化する
「夢ノート」にたびたび登場する強い思いは、常に視界に入るような場所に貼っておくと、奮発材料になる。
○書いたことは必ず叶うと信じる
なかなか叶わないからといって、決して希望を捨てない。夢を叶えるのは自分自身であり、今の自分があきらめてしまっては、開くはずの未来も開かない。
○ときには「未来日記」をつける
「未来日記」をつけることで、将来を楽観できる。別にノートを作らず、「夢ノート」のページを割いて「未来日記」をつけてもよい。

## 〈あとがき〉奇跡の「夢ノート」

実は、本書の出版にあたり、編集者から「奇跡の夢ノート」というタイトルを提案された当初、私は違和感を持った。

「『夢ノート』に書いた内容が実現したのは、奇跡でもなんでもないんです。私は、本当に、血を吐くほど一生懸命努力しました。だから、夢を叶えることができたんです」

しかし、そのとき一緒にいた母が、こう言ったのだ。

「『奇跡でもなんでもない』。そう思えることが、奇跡なんだよ」

99・9％回復しないといわれた視力が手術前日に回復し、ガラス片が鼻から飛び出し、入院中にたまたまドラマを通してシンクロナイズドスイミングに出会ったこと。その奇跡があったからこそ、どんな大きな夢をも信じることができた。「夢ノート」を心の支えに生きることができた。そして、さまざまな肉体的困難、精神的困難を乗り越え、オリンピック出場を果たすことができたのだと。

目からウロコが落ちる思いだった。なるほど、そうかもしれない。

私は、編集者に伝えた。

「タイトルは、『奇跡の夢ノート』でいきましょう」

＊

最後に、これまで私をどんなときも変わらず応援し続けてくれた皆様に感謝の思いを込めて——。

アテネオリンピック選考会の落選後、突如シンクロをやめたことを聞いた東京の於保ご夫妻が、新幹線で名古屋まで駆けつけてくださったことは忘れません、本当にありがとうございました。

大学入学当初から7年間もの間、変わらずご指導してくださった村松先生。どんなときも一番力になってくださいました。ありがとうございました。

競泳指導では、いつも私の体を気遣ってくださった高木先生。ありがとうございました。

復活のとき、体のことで相談にのってくれ指導してくださった梶岡先生、ケアーしてくださった小川ご夫妻、ありがとうございました。

ママが大変なとき水着づくりを手伝ってくださった、ゆきねさん、るりママ、ありがとうございました。

地元で、いつも励ましてくれたあきちゃん、家出したとき探してくれたあきよちゃん、ありがとう！

いつも陰で応援してくれた今は亡き山城パパ、ありがとうございました。

時には一晩中話を聞いてくれた頼住《よりずみ》先生、その後も生涯スポーツの授業のことでは大変お世話になりました。ありがとうございました。

高校3年間、ずっと担任を志願してくださった今枝先生。今枝先生のお陰で、シンクロにも勉強にも集中することができました。ありがとうございました。

中学では、勉強ができない私を大切にしてくださった山盛先生、ありがとうございました。

小学校で担任をしてくださった加藤明代先生、事故のときは励ましていただき本当にありがとうございました。親子ともども感謝の一言しかありません。

選考会や試合のたびに泊めてくださった布施さん、荒さん、本当にお世話になりました。

兄弟そろって何も言わずに家に置いてくださった今は亡き喜多村宏司さん、ありがとうございました。

愛知教育大学学生時代は、本当にお世話になりっぱなしだった、職員の鏡山《かがみやま》さん、林さん、神谷さん、ありがとうございました。

中学では一人ぼっちだった私の友達になってくれた、吉森可奈子ちゃん、山元麻耶《まや》ちゃん、正田真美子ちゃん、ありがとう！

高校では、私がいない間もひたすら授業ノートを取ってくれた旧姓・青山渚ちゃん、卒業してからも事あるごとに相談にのってくれた御厩敷《おんまやしき》泰子ちゃん、ありがとう！

大学では、「私は由美子が本気なら何でもします」と力強く言ってくれた山本晃代ちゃん、引きこもりの私を家まで迎えにきてくれた白川綾乃ちゃん、松下加代子ちゃん、そして、水泳部でいつも味方になってくれた田中さやかちゃん、ありがとう！

大学院では、いつも相談にのってくれた寺尾くん、優しくしてくれた英華《えいか》、研究室ではよく一緒になった友紀、ジャパン繋《つな》がりの青山裕美《ゆみ》ちゃん、ありがとう！

高校の同期だったことから仲良くなって、私の曲をプロデュースしてくれて、最後はお医者さんになった大ちゃん、本当にありがとう！

私が一番苦しかったときにずっと味方になってくれて支えてくれた、たーくん。ありがとう！

シンクロでは本当にたくさんのことを学ばせていただきました、亜矢子さん。いつもいろんなことで支えてくれたマヤ・サヤ。一緒にデュエットを組んだエリナ。本当にありがとう！

２００７年スイスオープンの監督でいらした中村鈴子《すずこ》先生、大変お世話になりました。そして、最後に、この方抜きでは私の人生を語れない、最大の恩師、鵜飼美保先生。そして井部美智代コーチ、鵜飼紗也子コーチ。こんな私を最後まで見てくださり、本当に本当に、ありがとうございました。

まだまだ書ききれないほどたくさんの方に支えられて、私は夢を叶えることができました。このご恩に必ず報いるために、また今日から日々精進して参ります。

２０１０年７月　　石黒由美子

著者：石黒由美子（いしぐろ・ゆみこ）

**略歴：**1983年生まれ。愛知県名古屋市出身。小学校3年でシンクロナイズドスイミングを始める。2002年愛知県立日進高校卒業、2007年愛知教育大学教育学部初等教育教員養成課程卒業、2009年愛知教育大学大学院教育学修士課程修了。2009年4月より神戸大学大学院博士課程後期課程人間発達環境学研究科人間行動専攻在学中、並行して現在、兵庫県西宮市立香櫨園《こうろえん》小学校、大阪府高槻市医師会看護専門学校で教鞭をとる。

**競技歴(主な成績)：**2001年FINAジュニアワールドカップ〔チーム2位〕、2002年スイスオープン〔デュエット3位・チーム優勝・コンビネーション優勝〕、2003年スイスオープン〔チーム優勝・コンビネーション優勝〕、2006年日本選手権〔コンビネーション3位〕、2007年スイスオープン〔ソロ優勝・チーム優勝・コンビネーション優勝〕、2008年全国チャレンジカップ〔ソロ2位〕、日本選手権〔チーム優勝〕、北京オリンピック〔チーム5位入賞〕

**資格：**幼稚園教諭第2種免許、初等教諭専修免許、中等教諭専修免許(保健体育)、高等教諭専修免許(保健体育)、愛知教育大学教育学修士、水泳競技役員

**表彰：**文部科学省スポーツ功労賞、刈谷市名誉市民称号スポーツ功労賞、名古屋市名誉市民称号スポーツ功労賞、愛知県体育協会スポーツ功労賞

〈著者への講演依頼は下記にお願いいたします〉

〒 100-6216
東京都千代田区丸の内 1-11-1
パシフィックセンチュリープレイス丸の内 16F
株式会社ライツ　講演依頼窓口
電 話：03-5288-5561（代表）　FAX：03-5222-3777
ホームページ：https://s-rights.co.jp

# 奇跡の夢ノート

2010年8月25日 第1刷発行
2024年3月15日 第13刷発行

著 者　石黒由美子

発行者　松本浩司
発行所　NHK出版
〒150-0042 東京都渋谷区宇田川町10-3
TEL：0570-009-321（問い合わせ）
TEL：0570-000-321（注文）
ホームページ　https://www.nhk-book.co.jp
印 刷　太平印刷社／大熊整美堂
製 本　ブックアート


Printed in Japan
ISBN978-4-14-081431-4 C0095